Composition et Grammaire de Texte

Dany B. Perramond

Canadian Scholars' Press Inc.   *Toronto*   *1997*

Composition et Grammaire de Texte
Dany B. Perramond

First published in 1997 by
Canadian Scholars' Press Inc.
180 Bloor Street West, Suite 801
Toronto, Ontario
M5S 2V6

Visit our Web site at www.cspi.org

Canadian Cataloguing in Publication Data

Perramond, Dany B., 1944–
        Composition et grammaire de texte

ISBN   978-1-55130-126-6

1. French language – Rhetoric. 2. French language – Grammar.   3. French language –
Textbooks for second language learners.   I. Title.

PC2420.P47 1997   808'.0441   C97-932415-7

Page layout by Carol Anderson

Table des Matières

INTRODUCTION

L'objectif de ce manuel de composition est de vous proposer un ensemble d'outils mis au point par les linguistes qui se sont consacrés à la création d'une grammaire française de texte dépassant la structure de la phrase et rendant mieux compte de la structure d'un texte. Cette nouvelle grammaire met notamment en relief les liens interphrastiques permettant au scripteur de guider son lecteur, de telle sorte que ce dernier saisisse mieux la continuité et la logique du texte. Comme le souligne si bien Bakhtine (1974), notre compétence de communication (voir Appendice p. 87) va au-delà de la phrase : « Apprendre à parler c'est apprendre à structurer des énoncés (parce que nous parlons par énoncés et non par propositions isolées, et encore moins, bien entendu par mots isolés. Les genres du discours organisent notre parole de la même façon que l'organisent les formes grammaticales (syntaxiques). » p. 285.

Aujourd'hui encore beaucoup de manuels de composition française en restent au stade de la grammaire de la phrase; ces matériaux pédagogiques accordent trop peu de place aux liaisons interphrastiques que tout bon écrivant doit bien maîtriser pour assurer la cohésion de son texte. D'autre part comme le montre Charolles (1978), les enseignants qui critiquaient le manque de cohésion dans les copies de leurs élèves se contentaient, jusqu'à l'apparition des recherches sur la grammaire de texte, de notations plutôt générales en marge du genre (« incompréhensible », « ne veut rien dire », « ce texte ne tient pas debout »). Le mérite de la grammaire de texte est de nous avoir aidé à mieux prendre conscience des différents éléments linguistiques indispensables à une bonne cohésion textuelle (voir Appencice p. 87.)

L'enseignement de cours de composition au niveau universitaire tant en premier cycle à James Madison University qu'en deuxième cycle (maîtrise) à l'École Française d'Été de Middlebury College, durant les dix dernières années, nous a démontré l'efficacité d'une approche combinant étroitement la grammaire de la phrase et la grammaire de texte pour la rédaction de devoirs qui ne soient pas une simple juxtaposition de phrases, mais de vrais textes.

QUELQUES NOTIONS DE GRAMMAIRE DE TEXTE

A) GRAMMAIRE DE TEXTE ET TYPOLOGIE DES TEXTES

Lors de la conception de ce manuel de composition notre premier souci a été de découvrir une typologie des textes permettant de sélectionner et de regrouper judicieusement des textes modèles que nous nous proposons de vous faire analyser avant de vous demander de produire à votre tour le même genre d'écrit : avant d'écrire il faut bien observer des textes authentiques, il est en effet difficile de créer à partir de rien, ou alors vous risquez de rédiger des textes qui ne sont qu'une traduction de l'anglais, de simples échantillons de votre compétence textuelle dans votre langue maternelle. Comme le souligne justement Gohard-Radenkovic (1995) « il existe ... des habitudes (pratiques) de communication et d'expression écrite, différentes d'un pays à un autre, héritées d'une tradition éducative. Toute culture et société possède ses propres règles et mode d'expression qui sont souvent évidentes pour l'initié, mais incompréhensibles parce qu'invisibles pour le non-initié. » (p. 5) Il s'agit donc pour vous de bien cerner les caractéristiques originales de l'architecture du texte en français à partir d'une analyse de textes modèles qui serviront de tremplin à votre production écrite.

Une première typologie des textes inspirée de Jakobson(1963) classe les messages en six catégories correspondant aux six fonctions du langage (référentielle, expressive, conative, phatique, métalinguistique et poétique), c'est celle proposée par l'excellent ouvrage de Vanoye (1973), mais que nous n'avons pas adoptée nous-même car elle ne nous renseigne guère sur les marques linguistiques typiques de chaque catégorie de texte.

Werlich (1976) propose de son côté une typologie qui classe les textes en fonction de critères psychologiques, son hypothèse étant que : « les différences structurelles des textes dérivent essentiellement de propriétés cognitives innées. Ainsi donc, les cinq types de textes de base sont liés à des formes et des champs de la connaissance. Ils reflètent les processus cognitifs de base de catégorisation contextuelle. » (p. 21) Werlich en vient ainsi à classer les textes en cinq catégories : textes de types descriptif (perception de l'espace), narratif (perception dans le temps), expositif (compréhension de concepts généraux), argumentatif (jugement) et instructif (conception de projets). Werlich s'attache aussi à mettre en relief les éléments linguistiques caractéristiques de chaque type de texte, ce qui permet à l'enseignant de privilégier l'étude des formes typiques du texte que l'on vous demandera de produire.

Une troisième typologie intéressante est celle de Bronckart (1985) qui suggère de classer les textes en trois catégories en fonction des conditions de production des messages (dans une perspective psychologique) ce qui l'amène à distinguer trois types de textes : discours en situation, discours théorique et narration. L'hypothèse de Bronckart est que, idéalement, les caractéristiques des conditions de production devraient permettre de prévoir les caractéristiques morphosyntaxiques et inversement. Cette approche nous paraît particulièrement intéressante en ce sens qu'elle offre à l'enseignant la possibilité de sélectionner efficacement les unités linguistiques caractéristiques de chaque type de texte analysé et proposé comme modèle de production et permet donc d'attirer votre attention sur les outils linguistiques les plus utiles. C'est ainsi que les analyses statistiques de Bronckart montrent que dans la narration: « ... le sous-système temporel passé simple - imparfait [est la] principale trace saillante et récurrente du repérage narratif. » (p. 87) De la même manière la plus grande présence d'organisateurs temporels (voir Appendice p. 89) et d'auxiliaires d'aspect distingue ce type de texte des autres et il sera donc indispensable de maîtriser ces unités linguistiques avant de pouvoir rédiger le même type de texte.

Adam (1992), tenant compte des critiques des linguistes qui doutent de la validité des différentes classifications proposées par les différentes typologies des textes, tant le texte est d'une grande hétérogénéité mêlant systématiquement les éléments narratif, descriptif, argumentatif, etc., propose de parler plutôt d'unité textuelle, de séquence. Celle-ci peut être définie comme

« un réseau relationnel hiérarchique : grandeur décomposable en parties reliées entre elles et reliées au tout qu'elles constituent ; une entité relativement autonome, dotée d'une organisation interne qui lui est propre et donc en relation de dépendance/indépendance avec l'ensemble plus vaste dont elle fait partie. » *Les Textes : types et prototypes* (p. 28)

Il propose l'idée d'une structure hiérarchique valable pour tous les textes et qu'il représente par la formule suivante :

« [Texte [Séquence(s) [macro-propositions [proposition(s)]]]] ... les propositions sont les composantes d'une unité supérieure, la macro-proposition, elle-même unité constituante de la séquence, elle-même unité constituante du texte. » (p. 30)

Il en vient ainsi à proposer 5 séquences de base contribuant à la configuration dominante de tout texte :

– les séquences narratives

– les séquences descriptives

– les séquences argumentatives

– les séquences dialogales, conversationnelles

– les séquences explicatives.

Nous avons retenu nous-même ces 5 catégories de la typologie de Adam qui permettent de regrouper tous les types de texte que vous serez appelés à produire, que ce soit dans le cadre de vos études ou dans votre vie personnelle et professionnelle.

Ainsi donc après avoir sélectionné et classé les textes modèles (textes à dominante narrative, descriptive, dialogale, argumentative et explicative) lesquels serviront de tremplin à votre production écrite, il s'agit d'analyser en classe les marques linguistiques typiques de chaque sorte de texte étudié : les travaux de Bronckart et de Werlich sont d'excellents guides pour ce repérage des éléments caractéristiques et nous pouvons après cette analyse pré-pédagogique attirer votre attention sur ces outils indispensables à la production de textes similaires.

Pour les séquences narratives par exemple on travaillera sur des textes où apparaît le système temporel imparfait/passé simple (ce dernier temps étant remplacé par le passé composé lorsqu'on passe à la rédaction de textes) : ce sera l'occasion d'une révision de la formation et de l'emploi de ces temps entre lesquels les anglophones notamment ont des difficultés à choisir. On reverra aussi les expressions de temps (déictiques temporels, organisateurs temporels) ainsi que les auxiliaires d'aspect (« commencer à », « continuer à », « finir de ») qui permettent de structurer les textes narratifs, d'assurer leur cohésion. La maîtrise des organisateurs temporels notamment est indispensable à la rédaction de textes narratifs où les différentes propositions et phrases s'enchaînent logiquement, les liaisons étant souvent négligées par certains apprenants qui ont tendance à juxtaposer plus ou moins logiquement leurs idées. C'est ici que la grammaire de texte est d'une grande utilité.

B) GRAMMAIRE DE TEXTE ET COHÉSION TEXTUELLE

1) LES CONNECTEURS (voir Appendice p. 87)

Pour assurer la cohésion d'un texte, pour le bâtir, le scripteur a d'abord à sa disposition des éléments linguistiques qui lient d'une manière logique les phrases, les connecteurs interphrastiques en particulier, ces adverbes, conjonctions de liaison, tels que *ainsi, donc, d'abord, cependant*, etc. (Lundquist 1980).

Liste des connecteurs d'après Lundquist (1980).

1. ADDITIFS : et, de nouveau, encore, également, de plus, aussi, de même, or, voire

2. ÉNUMÉRATIFS : d'abord, ensuite, enfin, finalement, premièrement, deuxièmement, a), b), c)

3. TRANSITIFS : d'ailleurs, d'autre part, du reste, en outre

4. EXPLICATIFS : car, c'est que, c'est-à-dire, en d'autres termes, à savoir

5. ILLUSTRATIFS : par exemple, entre autres, notamment, en particulier, à savoir

6. COMPARATIFS : ainsi, aussi, plus .., moins ..; plutôt, ou mieux

7. ADVERSATIFS : or, mais, en revanche, au contraire, par contre, d'un côté, d'un autre côté

8. CONCESSIFS : toutefois, néanmoins, cependant

9. CAUSATIFS/ CONSÉCUTIFS/CONCLUSIFS : c'est pourquoi, donc, ainsi, en effet, aussi, en conséquence, alors

10. RÉSUMATIFS : bref, en somme, enfin

11. TEMPORELS : d'abord, ensuite, puis, en même temps, plus tard, alors

12. MÉTATEXTUELS: voir p., cf. p., comme il a été signalé plus haut.

Moirand (1982), de son côté, distingue judicieusement entre connecteurs à fonction rhétorique permettant de structurer le discours (premièrement, deuxièmement, d'abord, ensuite, enfin) et connecteurs à fonction logique (donc, en conséquence, etc.).

Quant à Adam (1990) il propose de faire la distinction entre connecteurs (argumentativement marqués, ce que Moirand (1982) appelle connecteurs à fonction logique) et organisateurs (non marqués argumentativement, ce que Moirand appelle connecteurs à fonction rhétorique). C'est la terminologie d'Adam que nous avons choisi d'adopter dans ce manuel de composition, car elle nous semble être la plus claire et la plus précise.

Exercice : repérez dans le texte suivant les connecteurs et les organisateurs qui assurent la cohésion interphrastique.

La Grèce a certainement fait de nombreux emprunts aux civilisations orientales avec lesquelles elle était en contact : il n'en sera pas question dans ce livre, qui tente de cerner l'élan spécifique qui fut le sien. Mais une ou deux remarques initiales s'imposent.

D'abord ces emprunts sont un premier signe d'ouverture. Les Grecs ont tenté de connaître les autres et de se faire connaître d'eux. Ils n'ont presque jamais pratiqué le secret. Ils ont été trop soucieux d'expérience et de comparaison. C'est bien pourquoi un homme comme Hérodote s'étonne de découvrir en Egypte un repli sur soi-même dont il n'a pas l'habitude. « Les Egyptiens, écrit-il, répugnent à adopter les usages des Grecs, et, pour tout dire d'un mot, ils ne veulent adopter ceux d'aucun autre peuple » (II, 91).

De plus, les civilisations orientales en général n'ont pas eu de littérature, ou très peu. Elles n'ont pas cherché à fixer leur savoir dans des écrits, à communiquer aux autres, de façon rationnelle, leurs traditions ni leurs découvertes. Il a fallu que certaines de ces traditions ou de ces découvertes fussent adoptées par les Grecs pour être connues.

L'écriture retrouvée et employée à autre chose qu'à des comptes a été l'instrument de la culture grecque; Homère et l'écriture sont contemporains. L'originalité de la Grèce se touche là du doigt; et elle est d'importance.

Enfin, il demeure remarquable de voir les emprunts extérieurs peu à peu dominés par l'esprit grec. Très vite, les mythes et les monstres, d'abord assimilés et rationalisés (je pense au temps d'Hésiode), sont quasiment abandonnés, dans l'art et la littérature. Avec le progrès du goût grec et de la pensée grecque, même l'art des Cyclades évolue. On le regrette parfois, quand se perdent les exquises peintures d'oiseaux ou de poissons chères aux vases des îles : mais comment regretter cette preuve de plus de la montée incessante de l'homme ? Elle est, en Grèce, irrésistible.

Les civilisations du dehors seront donc ignorées ici, sans que pour autant leur antique éclat soit en rien méconnu : c'est déjà un trait propre à la culture de la Grèce qu'elle s'en soit parfois inspirée, et progressivement écartée.

2) LES ANAPHORES ET LES CATAPHORES (voir Appendice p. 87)

Un autre facteur important de cohésion textuelle est l'utilisation **de diaphores grammaticales** (les adjectifs/les pronoms démonstratifs/ possessifs, les pronoms relatifs) qui renvoient en amont (anaphores) ou en aval (cataphores) à certains segments du texte (phrases, mots ou paragraphes) : *ceux-ci, leurs, ses, lui,* etc. et de **diaphores lexicales** (reprenant ou annonçant un mot, une idée par un mot dérivé souvent précédé d'un déterminant

grammatical, « **cette destruction, une telle concentra-
tion, ce problème** » etc.).

Exercice : relevez dans le texte suivant les diaphores
lexicales qui lient les phrases entre elles.

M. Philippe Lazar, directeur général de l'Institut National de
santé et de la recherche médicale (Inserm) a décidé de main-
tenir le docteur Jacques Benveniste dans ses fonctions de
directeur de l'unité de recherche U. 200 jusqu'au 30 juin 1992.
Cette décision, qui s'inscrit dans le contexte de l'affaire de
« la mémoire de l'eau », met donc un terme à l'espèce de mise
à l'épreuve imposée en juillet au docteur Benveniste par M.
Lazar (*Le Monde* du 8 et du 12 juillet 1989). Ce dernier avait
alors recommandé au docteur Benveniste d'adopter une « ligne
de conduite » supposant en particulier qu'il renonce, pour un
temps, à s'exprimer sur les effets des hautes dilutions en dehors
des revues scientifiques de haut niveau de manière, disait M.
Lazar, à ce qu'il reconstitue un capital de confiance « en grande
partie dissipé » aux yeux de ses collègues. Copyright.

Reproduit avec l'autorisation du *Monde*.
3 janvier 1990, p. 10

---

3) LES ORGANISATEURS SPATIAUX ET TEMPORELS (*voir
Appendice p. 89*)

Ces circonstanciels de lieu (« au nord », « à droite ») et de
temps (« puis », « vers 8 heures ») constituent un autre
moyen efficace d'organiser le texte au plan spatial (dans
le cas de la description) et au plan temporel (dans le cas
de la narration). Ils constituent des balises importantes

liant les différentes phrases du texte et permettant au lecteur de trouver son chemin.

Exercice : repérer dans le texte suivant les organisateurs spatiaux et temporels qui structurent cette description et assurent la liaison interphrastique.

L'œil, d'abord, glisserait sur la moquette grise d'un long corridor haut et étroit. Les murs seraient des placards de bois clair, dont les ferrures de cuivre luiraient. Trois gravures, représentant l'une Thunderbird, vainqueur à Epsom, l'autre un navire à aubes, le Ville-de-Montereau, la troisième une locomotive de Stephenson, mèneraient à une tenture de cuir, retenue par de gros anneaux de bois noir veiné, et qu'un simple geste suffirait à faire glisser. La moquette, alors, laisserait place à un parquet presque jaune, que trois tapis aux couleurs éteintes recouvriraient partiellement.

Ce serait une salle de séjour, longue de sept mètres environ, large de trois. A gauche, dans une sorte d'alcôve, un gros divan de cuir noir fatigué serait flanqué de deux bibliothèques en merisier pâle où des livres s'entasseraient pêle-mêle. Au-dessus du divan, un portulan occuperait toute la longueur du panneau. Au-delà d'une petite table basse, sous un tapis de prière en soie, accroché au mur par trois clous de cuivre à grosses têtes, et qui ferait pendant à la tenture de cuir, un autre divan, perpendiculaire au premier, recouvert de velours brun clair, conduirait à un petit meuble haut sur pieds, laqué de rouge sombre, garni de trois étagères qui supporteraient des bibelots: des agates et des œufs de pierre, des boîtes à priser, des bonbonnières, des cendriers de jade, une coquille de nacre, une montre de gousset en argent, un verre taillé, une pyramide de cristal, une miniature dans un cadre ovale. Puis loin, après une porte capitonnée, des rayonnages superposés, faisant le coin, contiendraient des coffrets et des disques, à côté d'un électrophone fermé dont on n'apercevrait que quatre boutons d'acier guilloché, et que surmonterait une gravure représentant le Grand Défilé de la fête du Carrousel. De la fenêtre, garnie de rideaux blancs et bruns imitant la toile de Jouy, on découvrirait quelques arbres, un parc minuscule, un bout de rue. Un secrétaire à rideau encombré de papiers, de plumiers, s'accompagnerait d'un petit fauteuil canné. Une athénienne supporterait un téléphone, un agenda de cuir, un bloc-notes. Puis, au-delà d'une autre porte, après une bibliothèque pivotante, basse et carrée, surmontée d'un grand vase cylindrique à décor bleu, rempli de roses jaunes, et que surplomberait une glace oblongue sertie dans un cadre d'acajou, une table étroite, garnie de deux banquettes tendues d'écossais, ramènerait à la tenture de cuir.

4) LES TEMPS DES VERBES

Ils sont un autre moyen de marquer les différentes étapes du texte sur un axe temporel, de situer les événements relatés les uns par rapport aux autres et par rapport au temps de l'énonciation.

Exercice : justifiez l'emploi des temps du passé qui conviennent (passé simple/imparfait/plus-que-parfait) dans ce texte, en mettant en évidence comment les temps des verbes permettent d'une part de situer les faits décrits par rapport au moment de l'énonciation ou de l'énoncé, et d'autre part de marquer la progression du récit.

La veuve de Paolo Saverini habitait seule avec son fils une petite maison pauvre sur les remparts de Bonifacio. La ville, bâtie sur une avancée de la montagne, suspendue même par places au-dessus de la mer, regarde, par-dessus le détroit hérissé d'écueils, la côte plus basse de la Sardaigne. A ses pieds, de l'autre côté, la contournant presque entièrement, une coupure de la falaise, qui ressemble à un gigantesque corridor, lui sert de port, amène jusqu'aux premières maisons, après un long circuit entre deux murailles abruptes, les petits bateaux pêcheurs italiens ou sardes, et chaque quinzaine, le vieux vapeur poussif qui fait le service d'Ajaccio.

Sur la montagne blanche, le tas de maisons pose une tache plus blanche encore. Elles ont l'air de nids d'oiseaux sauvages, accrochées ainsi sur ce roc, dominant ce passage terrible où ne s'aventurent guère les navires. Le vent, sans repos, fatigue la mer, fatigue la côte nue, rongée par lui, à peine vêtue d'herbe; il s'engouffre dans le détroit, dont il ravage les deux bords. Les traînées d'écume pâle, accrochées aux pointes noires des innombrables rocs qui percent partout les vagues, ont l'air de lambeaux de toiles flottant et palpitant à la surface de l'eau.

La maison de la veuve Saverini, soudée au bord même de la falaise, ouvrait ses trois fenêtres sur cet horizon sauvage et désolé.

Elle vivait là, seule, avec son fils Antoine et leur chienne "Sémillante", grande bête maigre, aux poils longs et rudes, de la race des gardeurs de troupeaux. Elle servait au jeune homme pour chasser.

Un soir, après une dispute, Antoine Saverini fut tué traîtreusement, d'un coup de couteau, par Nicolas Ravolati, qui, la nuit même, gagna la Sardaigne.

Quand la vieille mère reçut le corps de son enfant, que des passants lui rapportèrent, elle ne pleura pas, mais elle demeura longtemps immobile à le regarder ; puis, étendant sa main ridée sur le cadavre, elle lui promit la vendetta. Elle ne voulut point qu'on restât avec elle, et elle s'enferma auprès du corps avec la chienne, qui hurlait. Elle hurlait, cette bête, d'une façon continue, debout au pied du lit, la tête tendue vers son maître, et la queue serrée entre les pattes. Elle ne bougeait pas plus que la mère, qui, penchée maintenant sur le corps, l'oeil fixe, pleurait de grosses larmes muettes en le contemplant.

Le jeune homme, sur le dos, vêtu de sa veste de gros drap trouée et déchirée à la poitrine, semblait dormir ; mais il avait du sang partout : sur la chemise arrachée pour les premiers soins, sur son gilet, sur sa culotte, sur la face, sur les mains. Des caillots de sang s'étaient figés dans la barbe et dans les cheveux.

La vieille mère se mit à lui parler. Au bruit de cette voix, la chienne se tut.

"Va, va, tu seras vengé, mon petit, mon garçon, mon pauvre enfant. Dors, dors, tu seras vengé, entends-tu ? C'est la mère qui le promet. Et elle tient toujours sa parole, la mère, tu le sais bien."

Et lentement elle se pencha vers lui, collant ses lèvres froides sur les lèvres mortes.

Alors, Sémillante se remit à gémir. Elle poussait une longue plainte monotone, déchirante, horrible.

Elles restèrent là, toutes les deux, la femme et la bête, jusqu'au matin.

Antoine Saverini fut enterré le lendemain, et bientôt on ne parla plus de lui dans Bonifacio.

Il n'avait laissé ni frère ni proches cousins. Aucun homme n'était là pour poursuivre la vendetta. Seule, la mère y pensait, la vieille.

De l'autre côté du détroit, elle voyait du matin au soir un point blanc sur la côte. C'est un petit village sarde, Longosardo, où se réfugient les bandits corses traqués de trop près. Ils peuplent presque seuls ce hameau, en face des côtes de leur patrie, et ils attendent là le moment de revenir, de retourner au maquis. C'est dans ce village, elle le savait, que s'était réfugié Nicolas Ravolati.

Toute seule, tout le long du jour, assise à sa fenêtre, elle regardait là-bas en songeant à la vengeance. Comment ferait-elle sans personne, infirme, si près de la mort ? Mais elle avait promis, elle avait juré sur le cadavre. Elle ne pouvait oublier, elle ne pouvait attendre. Que ferait-elle ? Elle ne dormait plus la nuit, elle n'avait plus ni repos ni apaisement, elle cherchait, obstinée. La chienne, à ses pieds, sommeillait, et, parfois, levant la tête, hurlait au loin. Depuis que son maître n'était plus là, elle hurlait souvent ainsi, comme si elle l'eût appelé, comme si son âme de bête, inconsolable, eût aussi gardé le souvenir que rien n'efface.

Or, une nuit, comme Sémillante se remettait à gémir, la mère, tout à coup, eut une idée, une idée de sauvage vindicatif et féroce. Elle la médita jusqu'au matin ; puis, levée dès les approches du jour, elle se rendit à l'église. Elle pria, prosternée sur le pavé, abattue devant Dieu, le suppliant de l'aider, de la soutenir, de donner à son pauvre corps usé la force qu'il lui fallait pour venger le fils.

C) GRAMMAIRE DE TEXTE ET PROGRESSION THÉMATIQUE

Si les connecteurs, les diaphores, les organisateurs spatiaux et temporels et les temps des verbes constituent l'architecture du texte, ils font aussi avancer le texte, ils garantissent « le dynamisme communicatif » (Danes 1974, Halliday and Hassan 1976, Lundquist 1980, Combettes 1983). Rappelons que ces travaux sur la progression thématique considèrent en effet qu'une des conditions essentielles de la cohérence d'un texte est le développement logique de ce dernier à partir d'un thème de base : on appelle « thème » ce qui est connu (voir **Appendice** p. 90) et « rhème » ce que la phrase apporte de nouveau (voir **Appendice** p. 89), on distingue en gros trois types de progression :

1) La **progression linéaire** dans laquelle le « rhème » de la 1ère phrase devient le « thème » de la phrase suivante et ainsi de suite.

Exemple

« Pendant près de trente ans, les sociétés industrielles démocratiques se sont implicitement ou explicitement développées dans le cadre du compromis keynésien qui réglait les rapports entre l'économique et le social dans le cadre d'un jeu à somme positive. Ce modèle était fondé sur le développement de l'État-providence et sur la négociation collective. L'État-providence régissait les rapports entre l'État et la classe ouvrière et traduisait le poids économique et politique de celle-ci, que ce soit sous une forme institutionnalisée (dans les social-démocraties) ou sous la forme plus instable d'un simple rapport

Soit la progression linéaire suivante :

Phrase 1 : Thème 1 (Les sociétés industrielles démocratiques) —— Rhème 1 (se sont implicitement ou explicitement développées dans le cadre du compromis keynésien qui réglait les rapports entre l'économique et le social dans le cadre d'un jeu à somme positive.)

Phrase 2 : Thème 2 (Ce **modèle** = rhème 1) ———— - Rhème 2 (était fondé sur le développement de l'État-providence et sur la négociation collective)

Phrase 3 : Thème 3 (**L'État-providence** = rhème 2) —— — Rhème 3 (régissait les rapports entre l'État et la classe ouvrière et traduisait le poids économique et politique de celle-ci, que ce soit sous une forme institutionnalisée (dans les social-démocraties) ou sous la forme plus instable d'un simple rapport de forces dans les faits (cas des autres pays capitalistes.)

2) La progression à thème constant dans laquelle le même thème est repris dans une série de phrases successives, par contre les rhèmes sont différents :

Exemple :

« Après plusieurs heures de marche laborieuse, **Robinson** arriva au pied d'un massif de rochers entassés en désordre. Il découvrit l'entrée d'une grotte ombragée par un cèdre géant;

> mais **il** n'y fit que quelques pas, parce qu'elle était trop profonde pour pouvoir être explorée ce jour-là. **Il** préféra escalader les rochers, afin d'embrasser une vaste étendue du regard. C'est ainsi debout sur le sommet du plus haut rocher, qu'**il** constata que la mer cernait de tous côtés la terre où **il** se trouvait et qu'aucune trace d'habitation n'était visible : **il** était donc sur une île déserte. **Il** s'expliqua ainsi l'immobilité du bouc qu'**il** avait assommé... »

Soit la progression :

Phrase 1 : Thème 1 (**Robinson**) ——- Rhème 1 (arriva au pied d'un massif de rochers entassés en désordre.)

Phrase 2 : Thème 1 (**Il**) —— Rhème 2 (découvrit l'entrée d'une grotte ombragée par un cèdre géant; mais **il** n'y fit que quelques pas, parce qu'elle était trop profonde pour pouvoir être explorée ce jour-là.)

Phrase 3 : Thème 1 (**Il**) —— Rhème 3 (préféra escalader les rochers, afin d'embrasser une vaste étendue du regard.)

Phrase 4 : Thème 1 (**Il**) —— Rhème 4 (constata que la mer cernait de tous côtés la terre où **il** se trouvait et qu'aucune trace d'habitation n'était visible : **il** était donc sur une île déserte.)

Phrase 5 : Thème 1 (**Il**) —— Rhème 5 (s'expliqua ainsi l'immobilité du bouc qu'**il** avait assommé.)

3) **Progression à thème dérivé** dans laquelle les thèmes successifs sont dérivés d'un hyperthème ou hyperrhème qui précède.

Exemple :

> « **Elle (la charcuterie)** riait toute claire, avec des pointes de couleurs vives qui chantaient au milieu de la blancheur de ses marbres. **L'enseigne** où le nom de Quenu-Gradelle luisait en grosses lettres d'or, dans un encadrement de branches et de feuilles, dessiné sur un fond tendre, était faite d'une peinture recouverte d'une glace. **Les deux panneaux latéraux de la devanture**, également peints et sous verre, représentaient de petits Amours joufflus, jouant au milieu de hures, de côtelettes de porc, de guirlandes de saucisses; et ces natures mortes ornées d'enroulements et de rosaces, avaient une telle tendresse d'aquarelle, que les viandes crues y prenaient des tons roses de confitures. »
>

Le schéma est dont le suivant

   Phrase 1 : Hyperthème = elle (la charcuterie)

   Phrase 2 : Thème 1 (L'enseigne)

   Phrase 3 : Thème 2 (Les deux panneaux latéraux)

Naturellement ces 3 types de progression thématique sont presque toujours combinés afin d'échapper à la monotonie d'un texte qui se limiterait à un seul type de progression.

D) PLANS DE TEXTES

La segmentation typographique joue un rôle très important dans la structuration compositionnelle des textes. La ponctuation découpe non seulement le continuum verbal en phrases typographiques, mais en paragraphes (parfois appuyés de sous-titres ou de découpages alphabétiques ou encore numériques).

Les plans de textes sont soit des plans rendus obligatoires par les genres (découpage oratoire : Exorde + Narration + Confirmation + Péroraison ; plan de dissertation : voir pages 71-74 ; plan de la recette de cuisine : liste des ingrédients + consignes de fabrication + plat réalisé ; plan de la présentation d'un film TV : informations sur l'heure de passage et la chaîne + informations sur les acteurs, le réalisateur, l'année de sortie + résumé du début du film + jugement/évaluation), soit des plans occasionnels.

Fixes ou occasionnels les plans de texte sont soulignés par la segmentation typographique, les connecteurs et organisateurs, les reprises de syntagmes.

Le plus souvent les séquences se glissent dans le moule d'un plan de texte et il est didactiquement important de partir du plan — c'est-à-dire de la structure compositionnelle globale — avant d'examiner les séquences, leurs enchaînements et combinaisons.

CHAPITRE 1
SÉQUENCES DESCRIPTIVES

1) L'Autoportrait

TEXTE I

Je viens d'avoir trente-quatre ans, la moitié de la vie. Au physique, je suis de taille moyenne, plutôt petit. J'ai des cheveux châtains coupés court afin d'éviter qu'ils ondulent, par crainte aussi que ne se développe une calvitie menaçante. Autant que je puisse en juger, les traits caractéristiques de ma physionomie sont : une nuque très droite, tombant verticalement comme une muraille ou une falaise, marque classique (si l'on en croit les astrologues) des personnes nées sous le signe du Taureau ; un front développé, plutôt bossué, aux veines temporales exagérément noueuses et saillantes. Cette ampleur de front est en rapport (selon le dire des astrologues) avec le signe du Bélier ; et en effet je suis né un 20 avril, donc aux confins de ces deux signes : le Bélier et le Taureau. Mes yeux sont bruns, avec le bord des paupières habituellement enflammé ; mon teint est coloré ; j'ai honte d'une fâcheuse tendance aux rougeurs et à la peau luisante. Mes mains sont maigres, assez velues, avec des veines très dessinées ; mes deux majeurs, incurvés vers le bout, doivent dénoter quelque chose d'assez faible ou d'assez fuyant dans mon caractère.

Ma tête est plutôt grosse pour mon corps ; j'ai les jambes un peu courtes par rapport à mon torse, les épaules trop étroites relativement aux hanches. Je marche le haut du corps incliné en avant ; j'ai tendance, lorsque je suis assis, à me tenir le dos voûté ; ma poitrine n'est pas très large et je n'ai guère de muscles. J'aime à me vêtir avec le maximum d'élégance ; pourtant, à cause des défauts que je viens de relever dans ma structure et de mes moyens qui, sans que je puisse me dire pauvre, sont plutôt limités, je me juge d'ordinaire profondément inélégant, j'ai horreur de me voir à l'improviste dans une glace car, faute de m'y être préparé, je me trouve à chaque fois d'une laideur humiliante.

EXERCICES

1) Exercices de repérage

a) Quelles sont d'après ce texte les marques linguistiques typiques des séquences descriptives (voir Appendice p. 90) ?

b) En ce qui concerne le vocabulaire, quelle sorte de verbes vous semble typique des séquences descriptives ?

c) Pour ce qui est de la progression thématique, comment l'auteur lie-t-il les phrases de ce texte ? Donner un exemple de progression thématique

 – à thème constant

 – linéaire

 – à thèmes dérivés d'un hyperthème ou d'un hyperrhème

2) Vocabulaire de l'autoportrait

Faites une liste des différentes parties du corps décrites par l'auteur accompagnées des adjectifs les plus fréquents.

Wsoulingé dans textes
p. 21 en crayon

3) Grammaire : l'article et l'accord de l'adjectif

Dans de nombreuses expressions utilisées pour décrire les parties du corps on emploie le verbe « avoir » plus l'article défini ou indéfini.

J'ai les/des yeux bleus.

J'ai le/un nez fin.

Pour ce qui est de l'adjectif qualificatif il s'accorde en général en genre et en nombre avec le nom ou le pronom auquel il se rapporte . Cependant il existe de nombreux adjectifs invariables notamment ceux désignant une couleur qui sont qualifiés par un autre adjectif ou complétés par un autre nom :

Exemples : Des yeux bleu foncé, des robes vert pomme.

Il faut noter aussi que le nom (simple ou composé) employé pour désigner une couleur est aussi invariable.

Exemple : Il a les yeux marron, elle a des robes orange.

4) Exercice d'application

Complétez le texte suivant en ajoutant les articles et les terminaisons qui conviennent si cela est nécessaire.

Je suis d' _une_ taille médiocre, libre et bien proportion-
né_e_ . J'ai _un/le_ teint brun mais assez uni, _un/le_ front élevé
et d' _un_ raisonnable grandeur, les yeux noir _s_ , petit
_s_ et enfoncé _s_ , et _des_ sourcils noir _s_ et épais
_/_ , mais bien tourné _s_ . Je serais fort empêché à dire de
quelle sorte j'ai _le_ nez fait, car il n'est ni camus _/_ ni
aquilin _/_ , ni gros _/_ ni pointu _/_ au moins à ce que

étroit

je crois. Tout ce que je sais, c'est qu'il est plutôt grand ____ que petit ____, et qu'il descend un peu trop en bas. J'ai ____ bouche grand ____, et ____ lèvres assez rouge ____ d'ordinaire, et ni bien ni mal taillé ____. J'ai les dents blanc ____, et passablement bien rangé ____. On m'a dit autrefois que j'avais un peu trop de menton : je viens de me tâter et de me regarder dans ____ miroir pour savoir ce qui en est, et je ne sais pas trop bien qu'en juger. Pour ____ tour du visage, je l'ai ou carré ou en ovale ; lequel des deux, il me serait fort difficile ____ de le dire. J'ai ____ cheveux noir ____, naturellement frisé ____, et avec cela assez épais ____ et assez long ____ pour pouvoir prétendre en ~~beau~~ ____ tête. J'ai quelque chose de chagrin ____ et de fier ____ dans la mine ; cela fait croire à la plupart des gens que je suis méprisant, quoique je ne le sois point du tout. J'ai ____ action fort aisé____, et même un peu trop, et jusques à faire beaucoup de gestes en parlant. Voilà naïvement comme je pense que je suis fait au dehors, et l'on trouvera, je crois, que ce que je pense de moi là-dessus n'est pas fort éloigné____ de ce qui en est. J'en userai avec ____ même fidélité dans ce qui me reste à faire de mon portrait ; car je me suis assez étudié pour me bien connaître, et je ne manque ni d'assurance pour dire librement ce que je puis avoir de bon____ qualités, ni de sincérité pour avouer franchement ce que j'ai de défauts. Premièrement, pour parler de mon humeur, je suis mélancolique, et je le suis à un point que depuis trois ou quatre ans à peine m'a-t-on vu rire trois ou quatre fois. J'aurais pourtant, ce me semble, ____ mélancolie assez supportable____ et assez doux____, si je n'en avais point d'autre que celle qui me vient de mon tempérament ; mais il m'en vient tant d'ailleurs, et ce qui m'en vient me remplit de telle sorte _l'_imagination, et m'occupe si fort _l'_ esprit, que la plupart du temps ou je rêve sans dire mot ou je n'ai presque point d'attache à ce que je dis. Je suis fort resserré avec ceux que je ne connais pas, et je ne suis pas même extrêmement ouvert _/_ avec la plupart de ceux que je connais. C'est un défaut, je le sais bien, et je ne négligerai rien pour m'en corriger ; mais comme _un_ certain _/_ air sombre _/_ que j'ai dans _le_ visage contribue à me faire paraître encore plus réservé _/_ que je ne le suis, et qu'il n'est pas en notre pouvoir de nous défaire d'_un_ méchant _l'_ air qui nous vient de _de la_ disposition naturel_le_ des traits, je pense qu'après m'être corrigé au dedans, il ne laissera pas de me demeurer toujours de mauvais_es_ marques au dehors. J'ai de l'esprit et je ne fais point difficulté de le dire ; car à quoi bon façonner là-dessus ?

5) Pastiche

Faites un pastiche du texte de Michel Leiris en remplaçant les éléments de la description par des mots qui s'appliquent à votre physique.

Cherchez dans le *Petit Robert* les cooccurents (les adjectifs notamment) qui décrivent le mieux les parties du corps dans votre autoportrait. Essayez de conserver la majeure partie du texte imité en ne changeant que ce qui ne s'applique pas à votre propre description.

« Je viens d'avoir __18__ ans. Au physique je suis de taille _____, plutôt _____ J'ai des cheveux _____ coupés _____ »

6) Composition.

Journal 1.

Le narrateur/la narratrice fait son autoportrait physique et moral, en insistant plutôt, comme Michel Leiris, sur le physique.

2) *Portrait physique et moral, le parallèle.*

TEXTE II

> **Giton** a le teint frais, le visage plein et les joues pendantes, l'oeil fixe et assuré, les épaules larges, l'estomac haut, la démarche ferme et délibérée. Il parle avec confiance ; il fait répéter celui qui l'entretient, et il ne goûte que médiocrement tout ce qu'il lui dit. Il déploie un ample mouchoir, et se mouche avec grand bruit ; il crache fort loin, et il éternue fort haut. Il dort le jour, il dort la nuit, et profondément ; il ronfle en compagnie. Il occupe à table et à la promenade plus de place qu'un autre. Il tient le milieu en se promenant avec ses égaux ; il s'arrête, et l'on s'arrête ; il continue de marcher, et l'on marche ; tous se règlent sur lui. Il interrompt, il redresse ceux qui ont la parole : on ne l'interrompt pas ; on l'écoute aussi longtemps qu'il veut parler ; on est de son avis, on croit les nouvelles qu'il débite. S'il s'assied, vous le voyez s'enfoncer dans un fauteuil, croiser les jambes l'une sur l'autre, froncer le sourcil, abaisser son chapeau sur ses yeux pour ne voir personne, ou le relever ensuite, et découvrir son front par fierté et par audace. Il est enjoué, grand rieur, impatient, présomptueux, colère, libertin, politique, mystérieux sur les affaires du temps ; il se croit des talents et de l'esprit. Il est riche.

[marginal annotation: confiance]

[handwritten note at bottom: → il est fir, arrogant, égoïste]

Phédon a les yeux creux, le teint échauffé, le corps sec et le visage maigre ; il dort peu, et d'un sommeil fort léger ; il est abstrait, rêveur, et il a avec de l'esprit l'air d'un stupide ; il oublie de dire ce qu'il sait, ou de parler d'événements qui lui sont connus ; et s'il le fait quelquefois, il s'en tire mal, il croit peser à ceux à qui il parle, il conte brièvement, mais froidement ; il ne se fait pas écouter, il ne fait point rire. Il applaudit, il sourit à ce que les autres lui disent, il est de leur avis : il court, il vole pour leur rendre de petits services. Il est complaisant, flatteur, empressé ; il est mystérieux sur ses affaires, quelquefois menteur ; il est superstitieux, scrupuleux, timide. Il marche doucement et légèrement, il semble craindre de fouler la terre ; il marche les yeux baissés, et il n'ose les lever sur ceux qui forment un cercle pour discourir ; il se met derrière celui qui parle, recueille furtivement ce qui se dit, et il se retire si on le regarde. Il n'occupe point de lieu, il ne tient point de place ; il va les épaules serrées, le chapeau abaissé sur ses yeux pour n'être point vu ; il se replie et se renferme dans son manteau ; il n'y a point de rues ni de galeries si embarrassées et si remplies de monde, où il ne trouve moyen de passer sans effort, et de se couler sans être aperçu. Si on le prie de s'asseoir, il se met à peine sur le bord d'un siège ; il parle bas dans la conversation, et il articule mal ; libre néanmoins sur les affaires publiques, chagrin contre le siècle, médiocrement prévenu des ministres et du ministère. Il n'ouvre la bouche que pour répondre ; il tousse, il se mouche sous son chapeau, il crache presque sur soi, et il attend qu'il soit seul pour éternuer, ou si cela arrive, c'est à l'insu de la compagnie : il n'en coûte à personne ni salut ni compliment. Il est pauvre.

[Annotations manuscrites en marge :]
- il est étourdi
- il est ennyant/ pas carimatn
- il est timide/ introverti/ reservé
- c'est pas drôle

Exercices

1) Exercices de repérage

a) Quelles sont les marques linguistiques typiques des séquences descriptives d'après ce texte ?

b) En ce qui concerne le vocabulaire quelle sorte de verbes vous semble typique de ces séquences descriptives ?

c) Pour ce qui est de la progression thématique, comment l'auteur lie-t-il les phrases de ce texte ?

2) Vocabulaire du portrait physique et moral

a) Faites une liste des différentes parties du corps décrites par l'auteur accompagnées des adjectifs.

b) Faites une liste des différents substantifs et adjectifs définissant le caractère des deux personnages.

3) Grammaire : révision de l'article, de l'accord de l'adjectif et de la conjugaison des verbes réguliers et irréguliers au présent, troisième personne du singulier et du pluriel.

Exercice d'application.

Complétez le texte suivant en ajoutant, si nécessaire, les articles et les terminaisons des adjectifs et des verbes au présent qui conviennent.

Cette pièce _____ (être) dans tout son lustre au moment où, vers sept heures du matin, _____ chat de madame Vauquer _____ (précéder) sa maîtresse, _____ (sauter) sur _____ buffets, y _____ (flairer) _____ lait que contiennent plusieurs jattes couvert _____ d'assiettes, et _____ (faire) entendre son *rourou* matinal _____. Bientôt _____ veuve se _____ (montrer), attifé _____ de son bonnet de tulle sous lequel _____ (pendre) un tour de fau _____ cheveux mal mis_____ ; elle _____ (marcher) en traînassant ses pantoufles grimacé _____. Sa face vieillot_____, grassouillet_____ du milieu de laquelle sort un nez à bec de perroquet ; ses petit _____ mains potelé _____ , sa personne dodu _____ comme un rat d'église, son corsage trop plein _____ et qui _____ (flotter), _____ (être) en harmonie avec cette salle où suinte _____ malheur, où s'est blottie _____ spéculation et dont madame Vauquer respire _____ air chaudement fétide _____ sans en être écœuré _____. Sa figure frais _____ comme _____ premier _____ gelée d'automne, ses yeux ridé_____ , dont _____ expression _____ (passer) du sourire prescrit aux danseuses à l'amer _____ renfrognement de l'escompteur, enfin tout _____ sa personne _____ (expliquer) _____ pension, comme _____ pension _____ (impliquer) sa personne. _____ bagne ne _____ (aller) pas sans _____ argousin, vous n'imagineriez pas l'un sans l'autre. _____ embonpoint blafard _____ de cette petit _____ femme _____ (être) _____ produit de cette vie, comme le typhus est _____ conséquence des exhalaisons d'_____ hôpital. Son jupon de laine tricoté_____ qui _____ (dépasser) sa premier _____ jupe fait _____ avec _____ _____ (vieux) robe, et dont _____ ouate _____ (s'échapper) par _____ fentes de l'étoffe lézardé_____, _____ (résumer) _____ salon, _____ salle à manger, _____ jardinet, _____ (annoncer) _____ cuisine et _____ (faire) pressentir _____ pensionnaires. Quand elle _____ (être) là, ce spectacle _____ (être) complet. Agé_____ d'environ cinquante ans, madame

Vauquer ressemble à tout_____ _____ femmes qui ont eu _____ malheurs. Elle a _____ œil vitreux, _____ air innocent_____ d'_____ entremetteuse qui _____ (aller) se gendarmer pour se faire payer plus cher, mais d'ailleurs prêt_____ à tout pour adoucir son sort, à livrer Georges ou Pichegru, si Georges ou Pichegru étaient encore à livrer. Néanmoins, elle _____ (être) bon_____ femme au fond, disent _____ pensionnaires, qui la _____ (croire) sans fortune en l'entendant geindre et tousser comme eux.

4) Pastiche.

Faites un pastiche du parallèle de La Bruyère en conservant le format de La Bruyère : commencer par le portrait physique de chaque personnage, multipliez les verbes d'action qui définissent leur caractère, utilisez une progression thématique à thème constant et terminez chaque portrait de ce parallèle par une brève chute qui résume chaque portrait. Faites un parallèle de 2 personnes qui sont complètement différentes, antithétiques.

« François(e) a le teint ...., le visage ... Il (elle) _____ Il (elle)_____

Il(elle) est ....

Jean(ne) a les yeux _____ , le teint _____ Il (elle) _____ Il (elle) _____

Il (elle) est _____

5) Composition.

Journal 2

Le narrateur/la narratrice fait un parallèle dans lequel il/elle fait deux portraits antithétiques de deux membres de sa famille, de deux amis.

3) Description de pièce/appartement.

TEXTE III

> La cafetière est sur la table.
>
> C'est une table ronde à quatre pieds, recouverte d'une toile cirée à quadrillage rouge et gris sur un fond de teinte neutre, un blanc jaunâtre qui peut-être était autrefois de l'ivoire—ou du blanc. Au centre, un carreau de céramique tient lieu de dessous de plat ; le dessin en est entièrement masqué, du moins rendu méconnaissable, par la cafetière qui est posée dessus.
>
> La cafetière est en faïence brune. Elle est formée d'une boule, que surmonte un filtre cylindrique muni d'un couvercle à champignon. Le bec est un S aux courbes atténuées, légère- ment ventru à la base. L'anse a, si l'on veut, la forme d'une oreille, ou plutôt de l'ourlet extérieur d'une oreille ; mais ce serait une oreille mal faite, trop arrondie et sans lobe, qui aurait ainsi la forme d'une "anse de pot". Le bec, l'anse et le champignon du couvercle sont de couleur crème. Tout le reste est d'un brun clair très uni, et brillant.
>
> Il n'y a rien d'autre, sur la table, que la toile cirée, le dessous de plat et la cafetière.
>
> A droite, devant la fenêtre, se dresse le mannequin.
>
> Derrière la table, le trumeau de cheminée porte un grand miroir rectangulaire dans lequel on aperçoit la moitié de la

fenêtre (la moitié droite) et, sur la gauche (c'est-à-dire du côté droit de la fenêtre), l'image de l'armoire à glace. Dans la glace de l'armoire on voit à nouveau la fenêtre, tout entière cette fois-ci, et à l'endroit (c'est-à-dire le battant droit à droite et le gauche du côté gauche).

Il y a ainsi au-dessus de la cheminée trois moitiés de fenêtre qui se succèdent, presque sans solution de continuité, et qui sont respectivement (de gauche à droite) : une moitié gauche à l'endroit, une moitié droite à l'envers. Comme l'armoire est juste dans l'angle de la pièce et s'avance jusqu'à l'extrême bord de la fenêtre, les deux moitiés droites de celle-ci se trouvent seulement séparées par un étroit montant d'armoire, qui pourrait être le bois de milieu de la fenêtre (le montant droit du battant gauche joint au montant gauche du battant droit). Les trois vantaux laissent apercevoir, par-dessus le brise-bise, les arbres sans feuilles du jardin.

La fenêtre occupe, de cette façon, toute la surface du miroir, sauf la partie supérieure où se voient une bande de plafond et le haut de l'armoire à glace.

On voit encore dans la glace, au-dessus de la cheminée, deux autres mannequins : l'un devant le premier battant de fenêtre, le plus étroit, tout à fait sur la gauche, et l'autre devant le troisième (celui qui est le plus à droite). Ils ne font face ni l'un ni l'autre ; celui de droite montre son flanc droit ; celui de gauche, légèrement plus petit, son flanc gauche. Mais il est difficile de le préciser à première vue, car les deux images sont orientées de la même manière et semblent donc toutes les deux montrer le même flanc—le gauche probablement.

Les trois mannequins sont alignés. Celui du milieu, situé du côté droit de la glace et dont la taille est intermédiaire entre celles des deux autres, se trouve exactement dans la même direction que la cafetière qui est posée sur la table.

Sur la partie sphérique de la cafetière brille un reflet déformé de la fenêtre, une sorte de quadrilatère dont les côtés seraient des arcs de cercle. La ligne formée par les montants de bois, entre les deux battants, s'élargit brusquement vers le bas en une tache assez imprécise. C'est sans doute encore l'ombre du mannequin.

La pièce est très claire, car la fenêtre est exceptionnellement large, bien qu'elle n'ait que deux vantaux.

Une bonne odeur de café chaud vient de la cafetière qui est sur la table.

Le mannequin n'est pas à sa place : on le range d'habitude dans l'angle de la fenêtre, du côté opposé à l'armoire à glace. L'armoire a été placée là pour faciliter les essayages.

Le dessin du dessous de plat représente une chouette, avec deux grands yeux un peu effrayants. Mais, pour le moment, on ne distingue rien, à cause de la cafetière.

EXERCICES

1) Exercices de repérage

    a) Quelles sont les marques linguistiques typiques des séquences descriptives d'après ce texte ?

    b) En ce qui concerne le vocabulaire quelle sorte de verbes vous semble typique de ces séquences descriptives ?

c) Pour ce qui est de la progression thématique, comment l'auteur lie-t-il les phrases de ce texte ? Donner un exemple de progression thématique

- à thème constant

- linéaire

- à thèmes dérivés d'un hyperthème ou d'un hyperrhème

d) Quels sont les organisateurs spatiaux (adverbes de lieu, syntagmes prépositionnels de lieu) en tête de phrase ou de proposition qui structurent ce texte ?

e) Quels sont les connecteurs qui structurent ce texte ?

f) Ce texte contient-il beaucoup de **modalités d'énoncé logiques** (qui situent l'énoncé par rapport à la vérité, la fausseté, la probabilité, la certitude, le vraisemblable, etc.) et **appréciatives** (qui marquent l'attitude du narrateur par rapport à son énoncé) ?

Voir **Appendice** p. 88.

2) Vocabulaire de la description d'une pièce

Faites une liste des différentes parties d'une pièce décrites par l'auteur accompagnées des adjectifs.

3) Grammaire : genre et pluriel du nom et accord de l'adjectif en genre et nombre

Complétez le texte suivant en ajoutant les articles et les terminaisons des noms et adjectifs (genre et nombre) qui conviennent si cela est nécessaire.

_____ premier_____ porte ouvrirait sur _____ chambre, au plancher recouvert d'_____ moquette claire_____. _____ grand_____ lit anglais_____ en occuperait tout _____ fond. A droite, de chaque côté de _____ fenêtre, deux étagère_____ étroit_____ et haut_____ contiendraient quelques livre_____ inlassablement repris_____, _____ albums, _____ jeux de cartes, _____ pots, _____ colliers, _____ pacotilles. A gauche, _____ vieux_____ armoire de chêne et deux valet_____ de bois et de cuivre feraient face à _____ petit_____ fauteuil crapaud tendu_____ d'_____ soie gris _____ finement rayé_____ et à _____ coiffeuse. _____ porte entrouvert_____, donnant sur _____ salle de bains, découvrirait d'épais _____ peignoirs de bain, _____ robinets de cuivre en col de cygne, _____ grand_____ miroir orientable_____, _____ paire de rasoirs anglais _____ et leur fourreau de cuir vert_____, _____ flacons, _____ brosses à manche de corne, _____ éponges. _____ murs de la chambre seraient tendu_____ d'indienne ; _____ lit serait recouvert_____ d'_____ plaid écossais_____. _____ table de chevet, ceinturé_____ sur trois face_____ d'_____ galerie de cuivre ajouré_____, supporterait _____ chandelier d'argent surmonté_____ d'_____ abat-jour de soie gris_____ très pâle_____, _____ pendulette quadrangulaire_____, _____ rose dans _____ verre à pied et, sur sa tablette inférieur_____, _____ journaux plié_____, quelques revues. Plus loin, au pied du lit, il y aurait _____ gros_____ pouf de cuir naturel_____. Aux fenêtres _____ rideaux de voile glisseraient sur _____ tringles de cuivre ; _____ double_____ rideaux, gris_____, en lainage épais_____, seraient à moitié tiré_____. Dans _____ pénombre, _____ pièce serait encore claire_____. Au mur, au-dessus du lit préparé_____ pour _____ nuit, entre deux petit_____ lampe_____ alsacien_____ , l'étonnant_____ photographie, noir_____ et blanc_____ , étroit_____ et long_____ , d'_____ oiseau en plein_____ ciel, surprendrait par sa perfection un peu formel_____.

_____ second_____ porte découvrirait _____ bureau. _____ murs, de haut en bas, seraient tapissé_____ de livres et de revues, avec, çà et là, pour rompre _____ succession des reliures et des brochages, quelques gravures, _____ dessins, _____ photographies - le Saint Jérôme d'Antonello de Messine, _____ détail du Triomphe de saint Georges,_____ prison du Piranese, _____ portrait de Ingres, _____ petit paysage à _____ plume de Klee, _____ photographie bistré_____ de Renan dans son cabinet de travail au Collège de France, _____ grand_____ magasin de Steinberg, le Mélanchthon de Cranach - fixé_____ sur _____ panneaux de bois encastré_____ dans _____ étagères. Un peu à gauche de _____ fenêtre et légèrement en biais, _____ long_____ table lorraine serait couvert_____ d'_____ grand_____ buvard rouge_____. _____ sébiles de bois, de long_____ plumiers, _____ pots de tout_____ sortes contiendraient _____ crayons, _____ trombones, _____ agrafes, _____ cavaliers. _____ brique de verre servirait de cendrier. _____ boîte rond_____ en cuir noir_____ , décoré_____ d'arabesques à _____ or fin_____ , serait rempli_____ de cigarettes. _____ lumière viendrait d'_____ vieux_____ lampe de bureau, malaisément orientable_____ , garni_____ d'_____ abat-jour d'opaline vert _____ en forme de visière. De chaque côté de _____ table, se faisant presque face, il y aurait deux fauteuil_____ de bois et de cuir, à haut_____ dossiers. Plus à gauche encore, _____ long du mur, _____ table étroit_____ déborderait de livres. _____ fauteuil-club de cuir vert_____

bouteille mènerait à _____ classeurs métallique_____ gris_____,
à _____ fichiers de bois clair_____. _____ troisième table, plus
petit_____ encore, supporterait _____ lampe suédois _____ et
_____ machine à écrire recouverte d'_____ housse de toile
ciré_____. Tout au fond, il y aurait _____ lit étroit_____ ,
tendu_____ de velours outremer, garni_____ de coussins de
tout_____ couleurs. _____ trépied de bois peint_____ , presque
au centre de _____ pièce, porterait _____ mappemonde de
maillechort et de carton bouilli_____, naïvement illustré_____ ,
faussement ancien_____. Derrière _____ bureau, à demi
masqué_____ par_____ rideau rouge _____ de _____ fenêtre,
_____ escabeau de bois ciré_____ pourrait glisser_____ long
d'_____ rampe de cuivre qui ferait _____ tour de _____ pièce.

4) Pastiche

Faites un pastiche du texte de Robbe-Grillet dans lequel vous décrirez l'intérieur d'une pièce en évitant systématiquement toute marque de subjectivité (modalités logiques et appréciatives) afin de rédiger un texte encore plus objectif que celui de l'auteur.

5) Composition

Journal 3

Le narrateur/la narratrice fait une description très subjective de sa pièce préférée en accumulant les modalités d'énoncé, affectives et logiques.

Veillez à inclure des organisateurs spatiaux et des connecteurs afin de bien organiser votre texte, de le rendre plus facile à lire pour le lecteur qui n'a bien entendu jamais vu la pièce que vous décrivez.

4) Description d'une ville

TEXTE IV

La rue des Arpenteurs est une longue rue droite, bordée de maisons déjà anciennes, de deux ou trois étages, dont les façades insuffisamment entretenues laissent deviner la modeste condition des locataires qu'elles abritent : ouvriers, petits employés, ou simples marins pêcheurs. Les boutiques n'y sont pas très reluisantes et les cafés eux-mêmes sont peu nombreux, non que ces gens-là soient particulièrement sobres mais plutôt parce qu'ils préfèrent aller boire ailleurs.

Le Café des Alliés (débit de boissons et chambres meublées) est situé tout au début de la rue, au numéro 10, à quelques maisons seulement du Boulevard Circulaire et de la ville proprement dite, si bien que dans ses parages le caractère prolétarien des édifices se trouve plus ou moins hybridé de bourgeoisie. A l'angle du boulevard se dresse un grand immeuble en pierre, de très bonne mine, et en face, au numéro 2 de la rue, une sorte de petit hôtel particulier d'un seul étage qu'entoure une étroite bande de jardin. Le pavillon n'a pas beaucoup de style mais donne une impression d'aisance, d'un certain luxe même ; une grille doublée d'une haie de fusain taillée à hauteur d'homme achève son isolement.

Vers l'est, la rue des Arpenteurs s'allonge, interminable et de moins en moins avenante, jusqu'à des quartiers tout à fait excentriques, franchement misérables : quadrillage de chemins boueux entre les baraques, tôle rouillée, vieilles planches et papier goudronné.

A l'ouest, au delà du boulevard Circulaire et de son canal, s'étend la ville, les rues un peu étriquées entre de hautes maisons de brique, les édifices publics sans décorations inutiles, les églises figées, les vitrines sans fantaisie. L'ensemble est solide, cossu parfois, mais austère ; les cafés ferment tôt, les fenêtres sont étroites, les gens sont sérieux.

Pourtant cette ville triste n'est pas ennuyeuse : un réseau compliqué de canaux et de bassins y ramène de la mer, à 6 kilomètres à peine vers le nord, l'odeur du varech, les mouettes et même quelques bateaux de faible tonnage, caboteurs, chalands, petits remorqueurs, pour qui s'ouvre toute une série de ponts et d'écluses. Cette eau, ce mouvement aèrent les esprits. Les sirènes des cargos leur arrivent du port, par-dessus l'alignement des entrepôts et des docks, et leur apportent à l'heure de la marée l'espace, la tentation, la consolation du possible.

EXERCICES

1) Exercices de repérage

a) Quelles sont les marques linguistiques typiques des séquences descriptives d'après ce texte ?

b) En ce qui concerne le vocabulaire quelle sorte de verbes vous semble typique de ces séquences descriptives ?

c) Pour ce qui est de la progression thématique, comment l'auteur lie-t-il les phrases de ce texte ? Donner un exemple de progression thématique

- à thème constant
- linéaire
- à thèmes dérivés d'un hyperthème ou d'un hyperrhème

d) Quels sont les organisateurs spatiaux (adverbes de lieu, syntagmes prépositionnels de lieu) en tête de phrase ou de proposition qui structurent ce texte ?

e) Quels sont les connecteurs qui structurent ce texte ?

f) Y a-t-il des modalités qui trahissent la subjectivité du narrateur ?

2) Vocabulaire de la description d'une ville

Faites une liste des différentes parties d'une ville décrites par l'auteur accompagnées des adjectifs.

3) Grammaire : genre et pluriel du nom et accord de l'adjectif en genre et nombre.

Exercice :

Complétez le texte suivant en ajoutant les articles et les terminaisons des noms et adjectifs (genre et nombre) qui conviennent si cela est nécessaire.

Naturellement destiné_____ à _____ exploitation de _____ pension bourgeois_____, _____ rez-de-chaussée se compose d'_____ premier _____ pièce éclairé_____ par _____ deux croisées de _____ rue, et où l'on entre par _____ porte-fenêtre. Ce salon communique à _____ salle à manger qui est séparé _____ de la cuisine par_____ cage d'_____ escalier dont _____

---

marches sont en bois et en carreaux mis_____ en couleur et frotté _____. Rien n'est plus triste_____ à voir que ce salon meublé_____ de fauteuils et de chaises en étoffe de crin à raies alternativement mat_____ et luisant_____. Au milieu se trouve _____ table rond_____ à dessus de marbre Sainte-Anne, décoré_____ de ce cabaret en porcelaine blanc_____ orné_____ de filets d'or effacé_____ à demi, que l'on rencontre partout aujourd'hui. Cette pièce, assez mal planchéié_____, est lambrissé_____ à hauteur d'appui. _____ surplus des parois est tendu_____ d'_____ papier verni_____ représentant _____ principal_____ scènes de Télémaque, et dont _____ classique_____ personnages sont colorié_____. _____ panneau d'entre _____ croisées grillagé_____ offre aux pensionnaire_____ _____ tableau du festin donné_____ au fils d'Ulysse par Calypso. Depuis quarante ans, cette peinture excite les plaisanteries des jeune_____ pensionnaires, qui se croient supérieur_____ à leur position en se moquant du dîner auquel _____ misère les condamne. _____ cheminée en pierre, dont le foyer toujours propre_____ atteste qu'il ne s'y fait de feu que dans _____ grand_____ occasions, est orné_____ de deux vases plein_____ de fleurs artificiel_____, vieilli_____ et encagé_____, qui accompagnent _____ pendule en marbre bleuâtre_____ du plus mauvais_____ goût. Cette premier_____ pièce exhale _____ odeur sans nom dans _____ langue, et qu'il faudrait appeler _____ 'odeur de pension. Elle sent _____ renfermé, _____ moisi, _____ rance, elle donne froid, elle est humide_____ au nez, elle pénètre _____ vêtements ; elle a _____ goût d'_____ salle où l'on a dîné; elle pue _____ service, _____ office, _____ hospice.

4) Pastiche

Faites un pastiche du texte de Robbe-Grillet dans lequel vous décrirez une ville en introduisant quelques touches de subjectivité (modalités logiques et appréciatives) reflétant bien vos sentiments vis-à-vis de cette ville.

5) Composition

Journal 4

Le narrateur/la narratrice fait une description très objective d'une ville en évitant les modalités d'énoncé, affectives et logiques.

Veillez à inclure des organisateurs spatiaux et des connecteurs afin de bien organiser votre texte, de le rendre plus facile à lire pour le lecteur qui n'a bien entendu jamais vu la ville que vous décrivez.

CHAPITRE 2 : SÉQUENCES NARRATIVES

1) Le récit historique.

TEXTE I

NAPOLÉON III (Charles Louis Napoléon BONAPARTE) né à Paris (1808-1873), empereur des Français (1852-1870), troisième fils de Louis Bonaparte et d'Hortense de Beauharnais. Après une jeunesse aventureuse en Suisse et en Italie, il essaya en 1836 à Strasbourg, en 1840 à Boulogne de se faire proclamer empereur et de renverser Louis-Philippe. Condamné à la détention perpétuelle, il fut enfermé à Ham, où il élabora une doctrine sociale (*Extinction du paupérisme*, 1844) et d'où il s'enfuit pour Londres (1846). Il revint en France après la révolution de 1848, fut élu représentant dans plusieurs départements et arriva à la présidence de la République le 10 décembre 1848. Le 2 décembre 1851, il déclara l'Assemblée dissoute et fit réprimer le soulèvement qui se dessinait à Paris ; un plébiscite ratifia le coup d'état et lui permit d'instaurer, en s'appuyant sur la Constitution du 14 janvier 1852, un régime autoritaire et centralisé qui, tout naturellement, se transforma en monarchie héréditaire, ratifiée elle aussi par un plébiscite. Proclamé empereur des Français, le 2 décembre 1852, sous le nom de Napoléon III, il épousa en 1853, Eugénie de Montijo.

De 1852 à 1860, Napoléon exerça un pouvoir absolu : ce fut l'Empire autoritaire. Par la suite, le régime se libéralisa, au point qu'en janvier 1870, la désignation d'Émile Ollivier comme Premier ministre déboucha sur un empire parlementaire. Pour se ménager l'appui des classes laborieuses et par goût personnel, dû à l'inspiration saint-simonienne, l'empereur fit entreprendre de nombreux travaux publics, à Paris notamment (Haussmann), encouragea l'agriculture, l'industrie et le commerce, créa des institutions de bienfaisance, favorisa les institutions de crédit et brisa avec le protectionnisme. A l'extérieur, Napoléon III, voulant exercer l'hégémonie en Europe, fit la guerre de Crimée (1854-1856), envoya, avec l'Angleterre, des troupes en Chine (1857-1860), s'empara de la Cochinchine (1859-1862), aida l'Italie à se libérer du joug autrichien (1859), gagna à la France la Savoie et Nice (1860). Il intervint malheureusement au Mexique (1862-1867), et, berné par Bismarck, déclara inconsidérément la guerre à la Prusse (juill.1870). Prisonnier lors du désastre de Sedan (2 sept. 1870), l'empereur fut déclaré déchu le 4 septembre à Paris et emmené en captivité en Allemagne, pays qu'il ne quitta que le 19 mars 1871 pour rejoindre l'impératrice en Angleterre, où il mourut.

EXERCICES

1) Exercices de repérage

a) Quelles sont, d'après ce texte, les marques linguistiques typiques des séquences narratives (voir **Appendice** p. 90) ?

b) En ce qui concerne le vocabulaire quelle sorte de verbes vous semble typique des séquences narratives ?

c) Pour ce qui est de la progression thématique, comment l'auteur lie-t-il les phrases de ce texte ? Quel est le type de progression thématique dominant ?

d) Y a-t-il des connecteurs qui assurent la cohésion textuelle ?

e) Quels sont les temps des verbes qui assurent la cohésion de ce texte ?

f) Y a-t-il des modalités, des traces de subjectivité dans ce texte ?

2) Vocabulaire du récit

Faites une liste des différents verbes d'action utilisés pour rappeler les grandes réalisations de ce chef d'état.

3) Grammaire : l'emploi des temps du passé

Pour raconter une histoire au passé le scripteur a d'abord un premier choix à effectuer entre le temps du récit (le passé simple) et le temps du discours (le passé composé) pour les verbes qui décrivent des actions ou des états que l'auteur a décidé de placer au premier plan, parce qu'ils font progresser l'action et assurent ainsi la dynamique du récit.

Le texte qui précède est de nature historique, il raconte la vie de l'empereur Napoléon III. Le récit des grands événements de sa carrière est au passé simple, parce que l'auteur de cet article de dictionnaire veut établir une certaine distance entre lui et son énoncé, ce qui lui permet de rédiger un texte objectif à la manière d'un historien qui vise à l'impartialité, marque essentielle d'un historien digne de ce nom.

Exercice d'application

Complétez le texte suivant en conjuguant les verbes entre parenthèses aux temps/modes qui conviennent :

Lorsque Robinson reprit connaissance, il était couché, la figure dans le sable. Une vague _déferla_ (déferler) sur la grève mouillée et _vint_ (venir) lui lécher les pieds. Il se _laissa_ (laisser) rouler sur le dos. Des mouettes noires et blanches _tournoyèrent_ (tournoyer) dans le ciel redevenu bleu après la tempête. Robinson s'_asseoit_ (asseoir) avec effort et _ressentit_ (ressentir) une vive douleur à l'épaule gauche. La plage _fut_ (être) jonchée de poissons morts, de coquillages brisés et d'algues noires rejetés par les flots. A l'ouest, une falaise rocheuse s'_avança_ (avancer) dans la mer et se _prolongea_ (prolonger) par une chaîne de récifs. C'était là que se _dressa_ (dresser) la silhouette de La Virginie avec ses mâts arrachés et ses cordages flottant dans le vent.

Robinson se _leva_ (lever) et fit quelques pas. Il n'_était_ (être) pas blessé, mais son épaule contusionnée _continua_ (continuer) à lui faire mal. Comme le soleil _commençà_ (commencer) a brûler, il se _fit_ (faire) une sorte de bonnet en roulant de grandes feuilles qui _croient_ (croître) au bord du rivage. Puis il _ramassa_ (ramasser) une branche pour s'en faire une canne et s'_enfonça_ (enfoncer) dans la forêt.

Les troncs des arbres abattus _formèrent_ (former) avec les taillis et les lianes qui _pendirent_ (pendre) des hautes branches un enchevêtrement difficile à percer, et souvent Robinson _durent_ (devoir) ramper à quatre pattes pour pouvoir avancer. Il n'y _eurent_ (avoir) pas un bruit, et aucun animal ne se _montra_ (montrer). Aussi Robinson _fûmes_ (être)-il bien étonné en apercevant à une centaine de pas la silhouette d'un bouc sauvage au poil très long qui se _dressa_ (dresser) immobile, et qui _parut_ (paraître) l'observer. Lâchant sa canne trop légère, Robinson _amassa_ (ramasser) une grosse souche qui pourrait lui servir de massue. Quand il _arriva_ (arriver) à proximité du bouc, l'animal _baissa_ (baisser) la tête et _grogna_ (grogner) sourdement. Robinson _crut_ (croire) qu'il allait foncer sur lui. Il _leva_ (lever) sa massue et l'_abattit_ (abattre) de toutes ses forces entre les cornes du bouc. La bête _tomba_ (tomber) sur les genoux, puis _bascula_ (basculer) sur le flanc.

Après plusieurs heures de marche laborieuse, Robinson _arriva_ (arriver) au pied d'un massif de rochers entassés en désordre. Il _découvrit_ (découvrir) l'entrée d'une grotte, ombragée par un cèdre géant ; mais il n'y _fit_ (faire) que quelques pas, parce qu'elle _fut_ (être) trop profonde pour pouvoir être explorée ce jour-là. Il _préféra_ (préférer) escalader les rochers, afin d'embrasser une vaste étendue du regard. C'est ainsi, debout sur le sommet du plus haut rocher, qu'il _constata_ (constater) que la mer _cerna_ (cerner) de tous côtés la terre où il se _trouva_ (trouver) et qu'aucune trace d'habitation n' _fut_ (être) visible: il _fut_ (être) donc sur une île déserte. Il s'_expliqua_ (expliquer) ainsi l'immobilité du bouc qu'il _assomma_ (assommer). Les animaux sauvages qui n'ont jamais vu l'homme ne fuient pas à son approche. Au contraire, ils l'observent avec curiosité.

4) Pastiche

Faites un pastiche de la biographie de Napoléon III en rédigeant un texte similaire annonçant la mort d'un personnage célèbre et rappelant les hauts faits de ce personnage. Evitez les modalités afin de rédiger un texte aussi objectif que possible. Employez le passé simple pour les actions mises au premier plan, l'imparfait pour tout ce que vous choisissez de mettre à l'arrière plan.

5) Composition

Journal 5

Le narrateur/la narratrice imagine le texte que l'on publiera après sa mort : il/elle fera la liste des grandes réalisations dont il/elle voudrait que ses parents/amis se souviennent (il/elle parlera de ses liens familiaux, de ses amitiés, de son travail, de son engagement au sein de son église, d'un parti politique, de sa communauté, d'organisations caritatives).

2) Le récit romanesque au passé composé

TEXTE II

J'ai pensé que je n'avais qu'un demi-tour à faire et ce serait fini. Mais toute une plage vibrante se pressait derrière moi. J'ai fait quelques pas vers la source. L'Arabe n'a pas bougé. Malgré tout, il était encore assez loin. Peut-être à cause des ombres sur son visage, il avait l'air de rire. J'ai attendu. La brûlure du soleil gagnait mes joues et j'ai senti des gouttes de sueur s'amasser dans mes sourcils. C'était le même soleil que le jour où j'avais enterré maman et comme alors, le front surtout me faisait mal et toutes ses veines battaient ensemble sous la peau. A cause de cette brûlure que je ne pouvais plus supporter, j'ai fait un mouvement en avant. Je savais que c'était stupide, que je ne me débarrasserais pas du soleil en me déplaçant d'un pas. Mais j'ai fait un pas, un seul pas en avant. Et cette fois, sans se soulever, l'Arabe a tiré son couteau qu'il m'a présenté dans le soleil. La lumière a giclé sur l'acier et c'était comme une longue lame étincelante qui m'atteignait au front. Au même instant, la sueur amassée dans mes sourcils a coulé d'un coup sur les paupières et les a recouvertes d'un voile tiède et épais. Mes yeux étaient aveuglés derrière ce rideau de larmes et de sel. Je ne sentais plus que les cymbales du soleil sur mon front et indistinctement, le glaive éclatant jailli du couteau toujours en face de moi. Cette épée brûlante rongeait mes cils et fouillait mes yeux douloureux. C'est alors que tout a vacillé. La mer a charrié un souffle épais et ardent. Il m'a semblé que le ciel s'ouvrait sur toute son étendue pour laisser pleuvoir du feu. Tout mon être s'est tendu et j'ai crispé ma main sur le revolver. La gâchette a cédé, j'ai touché le ventre poli de la crosse et c'est là, dans le bruit à la fois sec et assourdissant, que tout a commencé. J'ai secoué la sueur et le soleil. J'ai compris que j'avais détruit l'équilibre du jour, le silence exceptionnel d'une plage où j'avais été heureux. Alors, j'ai tiré encore quatre fois sur un corps inerte où les balles s'enfonçaient sans qu'il y parût. Et c'était comme quatre coups brefs que je frappais sur la porte du malheur.

EXERCICES

1) Exercices de repérage

a) Quelles sont les marques linguistiques typiques des séquences narratives d'après ce texte ?

b) En ce qui concerne le vocabulaire quelle sorte de verbes vous semble typique des séquences narratives ?

c) Pour ce qui est de la progression thématique, comment l'auteur lie-t-il les phrases de ce texte ? Donner un exemple de progression thématique

   — à thème constant

- linéaire
- à thèmes dérivés d'un hyperthème ou d'un hyperrhème

d) Y a-t-il des connecteurs qui assurent la cohésion textuelle ?

e) Quels sont les temps des verbes qui assurent la cohésion de ce texte ?

2) Vocabulaire du récit

Faites une liste des différents verbes d'action utilisés dans ce texte.

3) Grammaire : l'emploi des temps du passé

Pour raconter cette histoire au passé Camus a choisi le temps du discours (le passé composé) pour les verbes qui décrivent des actions ou des états que l'auteur a décidé de placer au premier plan, parce qu'ils font progresser l'action et assurent ainsi la dynamique du récit. Par contre l'imparfait est utilisé pour tout ce que l'auteur considère comme secondaire, les éléments qu'il a choisi de mettre à l'arrière plan. Enfin il faut noter aussi l'utilisation du plus-que-parfait pour situer dans le temps les événements qui ont eu lieu avant un autre fait passé.

Exercice d'application

Complétez le récit suivant en utilisant les verbes entre parenthèses aux temps du passé/modes qui conviennent :

Lui parti, je retrouve (retrouver) le calme. Je _étais_ (être) épuisé et je me jette (se jeter) sur ma couchette. Je crois que je dormis (dormir) parce que je me réveilla (se réveiller) avec des étoiles sur le visage. Des bruits de campagne montaient (monter) jusqu'à moi. Des odeurs de nuit, de terre et de sel rafraîchir (rafraîchir) mes tempes. La merveilleuse paix de cet été endormi entrait (entrer) en moi comme une marée. A ce moment, et à la limite de la nuit, des sirènes hurlèrent (hurler). Elles annoncèrent (annoncer) des départs pour un monde qui maintenant m'étais (être) à jamais indifférent. Pour la première fois depuis bien longtemps, je pensais (penser) à maman. Il me semblait (sembler) que je comprenais (comprendre) pourquoi à la fin d'une vie elle avait pris (prendre) un « fiancé », pourquoi elle avait joué (jouer) à recommencer. Là-bas, là-bas aussi, autour de cet asile où des vies s'éteignaient (s'éteindre), le soir était comme une trêve mélancolique. Si près de la mort, maman avait dû (devoir) s'y sentir libérée et prête à tout revivre. Personne, personne n'avaient (avoir) le droit de pleurer sur elle. Et moi aussi, je me sentais (se sentir) prêt à tout revivre. Comme si cette grande colère m'avais purgé (purger) du mal, vidé d'espoir, devant cette nuit chargée de signes et d'étoiles, je m'étais ouvert (s'ouvrir) pour la première fois à la tendre indifférence du monde. De l'éprouver si pareil à moi, si fraternel enfin, je sentais (sentir) que j'avais été (être) heureux, et que je l'étais (être) encore. Pour que tout soit consommé, pour que je me sente moins seul, il me restait (rester) à souhaiter qu'il y ait beaucoup de spectateurs le jour de mon exécution et qu'ils m'accueillent avec des cris de haine.

4) Pastiche

Faites un pastiche du récit du meurtre du héros de Camus
(pp. 48-49) en imaginant une conclusion tout à fait dif-
férente. Employez le passé composé pour les actions
mises au premier plan, l'imparfait pour tout ce que vous
choisissez de mettre à l'arrière plan, le plus-que-parfait
pour le passé dans le passé. Commencer ligne 8, p. 49.

5) Composition

Journal 6

Le narrateur/la narratrice raconte un conflit tragique qui
oppose deux individus et dont il a été témoin.

CHAPITRE 3
SÉQUENCES DIALOGALES/
CONVERSATIONNELLES

1) Le dialogue de théâtre.

TEXTE I

CRÉON

    Pourquoi as-tu tenté d'enterrer ton frère ?

ANTIGONE

    Je le devais.

CRÉON

    Je l'avais interdit.

ANTIGONE, *doucement.*

    Je le devais tout de même. Ceux qu'on n'enterre pas errent éternellement sans jamais trouver de repos. Si mon frère vivant était rentré harassé d'une longue chasse, je lui aurais enlevé ses chaussures, je lui aurais fait à manger, je lui aurais préparé son lit... Polynice aujourd'hui a achevé sa chasse. Il rentre à la maison où mon père et ma mère, et Etéocle aussi, l'attendent. Il a droit au repos.

CRÉON

    C'était un révolté et un traître, tu le savais.

ANTIGONE

    C'était mon frère.

CRÉON

    Tu avais entendu proclamer l'édit aux carrefours, tu avais lu l'affiche sur tous les murs de la ville ?

ANTIGONE

    Oui.

CRÉON

   Tu savais le sort qui y était promis à celui, quel qu'il soit, qui oserait lui rendre les honneurs funèbres ?

ANTIGONE

   Oui, je le savais.

CRÉON

   Tu as peut-être cru que d'être la fille d'Œdipe, la fille de l'orgueil d'Œdipe, c'était assez pour être au-dessus de la loi.

ANTIGONE

   Non. Je n'ai pas cru cela.

CRÉON

   La loi est d'abord faite pour toi, Antigone, la loi est d'abord faite pour les filles des rois !

ANTIGONE

   Si j'avais été une servante en train de faire sa vaisselle, quand j'ai entendu lire l'édit, j'aurais essuyé l'eau grasse de mes bras et je serais sortie avec mon tablier pour aller enterrer mon frère.

CRÉON

   Ce n'est pas vrai. Si tu avais été une servante, tu n'aurais pas douté que tu allais mourir et tu serais restée à pleurer ton frère chez toi. Seulement tu as pensé que tu étais de race royale, ma nièce et la fiancée de mon fils, et que, quoi qu'il arrive, je n'oserais pas te faire mourir.

ANTIGONE

   Vous vous trompez. J'étais certaine que vous me feriez mourir au contraire.

CRÉON, la regarde et murmure soudain.

   L'orgueil d'Œdipe. Tu es l'orgueil d'Œdipe. Oui, maintenant que je l'ai retrouvé au fond de tes yeux, je te crois. Tu as dû penser que je te ferais mourir. Et cela te paraissait un dénouement tout naturel pour toi, orgueilleuse ! Pour ton père non plus—je ne dis pas le bonheur, il n'en était pas question—le malheur humain, c'était trop peu. L'humain vous gêne aux entournures dans la famille. Il vous faut un tête-à-tête avec le destin et la mort. Et tuer votre père et coucher avec votre mère et apprendre tout cela après, avidement, mot par mot. Quel breuvage, hein, les mots qui vous condamnent ? Et comme on les boit goulûment quand on s'appelle Œdipe, ou Antigone. Et le plus simple après, c'est encore de se crever les yeux et d'aller mendier avec ses enfants sur les routes... Eh bien, non. Ces temps sont révolus pour Thèbes. Thèbes a droit maintenant à un prince sans histoire. Moi, je m'appelle seulement CRÉON, Dieu merci. J'ai mes deux pieds par terre, mes deux mains enfoncées dans mes poches et, puisque je suis roi, j'ai résolu, avec moins d'ambition que ton père, de m'employer tout simplement à rendre l'ordre de ce monde un peu moins absurde, si c'est possible.

EXERCICES

1) Exercices de repérage

Quelles sont, d'après ce texte, les marques linguistiques typiques des séquences dialogales (voir Appendice p. 90) ?

- temps des verbes, repérage dans le temps par rapport à quel moment ?
- pronoms
- modalités d'énonciation/types de propositions

(propositions affirmatives, interrogatives, exclamatives, optatives, impératives)

2) Grammaire : la structure de la proposition interrogative

Pour poser une question en français on dispose essentiellement de quatre constructions :

    a) on peut utiliser l'ordre canonique de la proposition en français, sujet + verbe avec un point d'interrogation à la fin de la proposition qui à l'oral se traduit par une montée de la voix :

Exemple : Tu as tenté d'enterrer ton frère ?

    b) on peut utiliser l'expression est-ce que suivie d'un sujet précédant un verbe (ordre canonique)

Ex : Pourquoi *est-ce que* tu as tenté d'enterrer ton frère ?

    c) on doit utiliser l'inversion (verbe-sujet)

      – si l'on veut éviter l'expression est-ce que (langue plus familière) et si la proposition commence par un mot interrogatif :

Ex : Pourquoi as-tu tenté d'enterrer ton frère ?

      – si l'on veut éviter l'expression *est-ce que* (langue plus familière) et si le sujet est un pronom personnel, ou les pronoms *ce, on* :

Ex : As-tu tenté d'enterrer ton frère ?

    d) Quand le sujet d'une proposition interrogative n'est ni un pronom personnel ni *ce* ou *on*, il se place avant le verbe, cependant on le reprend après le verbe par un pronom personnel :

Ex : Pourquoi Antigone a-t-elle tenté d'enterrer son frère ?

Exercice d'application :

Transformer le texte suivant en dialogue de théâtre.

Attention à la structure des propositions interrogatives, aux changements de temps, mode, pronoms lorsque vous passez du style indirect au style direct.

Le soir Marie est venue me chercher et m'a demandé si je voulais me marier avec elle. J'ai dit que cela m'était égal et que nous pourrions le faire si elle le voulait. Elle a voulu savoir alors si je l'aimais. J'ai répondu comme je l'avais déjà fait une fois, que cela ne signifiait rien mais que sans doute je ne l'aimais pas. « Pourquoi m'épouser alors? » a-t-elle dit. Je lui ai expliqué que cela n'avait aucune importance et que si elle le désirait, nous pouvions nous marier. D'ailleurs c'était elle qui le demandait et moi je me contentais de dire oui. Elle a observé alors que le mariage était une chose grave. J'ai répondu : « Non. » Elle s'est tue un moment et elle m'a regardé en silence. Puis elle m'a parlé. Elle voulait simplement savoir si j'aurais accepté la même proposition venant d'une autre femme, à qui je serais attaché de la même façon. J'ai dit : « Naturellement. » Elle s'est demandé alors si elle m'aimait et moi, je ne pouvais rien savoir sur ce point. Après un autre moment de silence, elle a murmuré que j'étais bizarre, qu'elle m'aimait sans doute à cause de cela mais que peut-être un jour je la dégoûterais pour les mêmes raisons. Comme je me taisais, n'ayant rien à ajouter, elle m'a pris le bras en souriant et elle a déclaré qu'elle voulait se marier avec moi. J'ai répondu que nous le ferions dès qu'elle voudrait. Je lui ai parlé alors de la proposition du patron et Marie m'a dit qu'elle aimerait connaître Paris. Je lui ai appris que j'y avais vécu dans un temps et elle m'a demandé comment c'était. Je lui ai dit : « C'est sale. Il y a des pigeons et des cours noires. Les gens ont la peau blanche. »

3) Pastiche

Faites un pastiche du dialogue entre Antigone et Créon dans lequel vous mettrez aux prises un(e) adolescent(e) et sa mère qui se disputent à propos de la petite amie (du petit ami) qu'il/elle fréquente et que la mère déteste profondément. Utilisez au maximum le texte de départ en gardant l'essentiel de ce texte.

4) Composition

Journal 7

Le narrateur/la narratrice imagine un dialogue entre lui/elle-même et une personne célèbre du monde de la littérature, de la musique, du sport. Présentez ce dialogue comme on le fait dans les entretiens qui paraissent dans les journaux, magazines.

2) LE DIALOGUE DE ROMAN

TEXTE II

La nuit tombait et lorsque nous avons vu le panneau d'une auberge, nous nous sommes engagés dans le chemin que la flèche indiquait. Une auberge de style anglo-normand, très cossue. La salle à manger se prolongeait par une terrasse bordée d'une piscine. Il y avait des boiseries, des sortes de vitraux à losanges multicolores et des tables à pieds Louis XV. Pas d'autres dîneurs que nous car il était trop tôt. Mon oncle Alex a commandé deux galantines, deux cuissots de chevreuil et un vin de Bourgogne au titre réputé. Le sommelier lui a fait goûter le vin. Oncle Alex gardait une grande gorgée dans sa bouche, il gonflait les joues et on aurait cru qu'il se gargarisait. Enfin il a dit :

— Bien... Bien... Mais pas assez soyeux.

— Pardon ? a dit le sommelier, les sourcils froncés.

— Pas assez soyeux, a répété l'oncle Alex avec beaucoup moins d'assurance.

Et d'un ton brusque:

— Mais ça ira... ça ira comme ça.

Quand le sommelier est parti, j'ai demandé à oncle Alex:

— Pourquoi as-tu dit : pas assez soyeux ?

— C'est un terme de métier. Il n'y connaît rien en vins.

— Mais toi, tu t'y connais ?

— Pas mal.

Non, il n'y connaissait rien. Il ne buvait jamais.

— Je pourrais en remontrer à ces tastevins de merde.

Il tremblait.

— Calme-toi, oncle Alex, lui ai-je dit.

Et il a retrouvé son sourire. Il a bredouillé quelques excuses à mon intention. Nous achevions le dessert — deux tartes Tatin— et l'oncle Alex m'a dit :

— Au fond, nous n'avons jamais parlé tous les deux. J'ai senti qu'il voulait me confier quelque chose. Il cherchait les mots.

— J'ai envie de changer de vie.

Il avait pris un ton grave qui n'avait jamais été le sien.

Alors, j'ai croisé les bras pour bien lui montrer que j'écoutais, de toutes mes forces.

— Mon cher Patrick... Il y a des périodes où il faut faire le bilan...

J'approuvais d'un petit hochement de tête.

— Il faut essayer de repartir sur des bases solides, tu comprends ?

— Oui.

— Il faut essayer de trouver des racines, comprends-tu ?

On ne peut pas toujours être un homme de nulle part.

Il avait appuyé sur les syllabes de « nulle part » avec coquetterie.

— L'homme de nulle part...

Et il se désignait de la main gauche, en inclinant la tête et en esquissant un sourire charmeur. Jadis cela devait être d'un certain effet sur les femmes.

—Ton père et moi, nous sommes des hommes de nulle part, comprends-tu ?

— Oui.

— Est-ce que tu sais que nous n'avons même pas un acte de naissance... une fiche d'état civil... comme tout le monde... hein ?

— Même pas ?

— Ça ne peut plus durer, mon garçon. J'ai beaucoup réfléchi et je suis convaincu que j'ai raison d'avoir pris une décision importante.

— Laquelle, oncle Alex ?

— Mon vieux, c'est très simple. J'ai décidé de quitter Paris et d'habiter la campagne. Je pense beaucoup à ce moulin.

— Tu vas l'acheter ?

— Il y a de fortes chances que oui. J'ai besoin de vivre à la campagne... J'ai envie de sentir de la terre et de l'herbe sous mes pieds... Il est temps, Patrick...

— C'est très beau, oncle Alex.

Il était ému lui-même de ce qu'il venait de dire.

— La campagne, c'est quelque chose d'épatant pour quelqu'un qui veut recommencer sa vie. Tu sais à quoi je rêve, toutes les nuits ?

— Non.

— A un petit village.

Une ombre d'inquiétude a voilé son regard.

— Tu crois que j'ai l'air assez français ? Franchement, hein ?

Il avait des cheveux noirs ramenés en arrière, une moustache légère, des yeux sombres et des cils très longs.

— Qu'est-ce que c'est, l'air français ? ai-je demandé.

— Je ne sais pas, moi...

QUESTIONS

1) Exercices de repérage

Quelles sont les marques linguistiques typiques des séquences dialogales d'après ce texte ?

- temps des verbes, repérage dans le temps par rapport à quel moment ?
- pronoms
- modalités d'énonciation/types de propositions (propositions affirmatives, interrogatives, exclamatives, optatives, impératives)

2) Grammaire : la structure des propositions contenant un verbe de parole

a) On utilise l'ordre canonique de la proposition en français, sujet + verbe + complément lorsque la proposition contenant le verbe de parole précède les paroles rapportées.

Exemple : **Créon demanda à Antigone : « Tu as tenté d'enterrer ton frère ? ». Antigone lui répondit : « Il fallait que je l'enterre. C'est mon frère. »**

b) On utilise l'inversion lorsque la proposition contenant le verbe de parole se trouve soit à la fin, soit au milieu des propos rapportés.

Exemples :

– Pourquoi est-ce que tu as tenté d'enterrer ton frère, **demanda Créon ?**

– Il fallait que je l'enterre, **répondit-elle,** c'est mon frère !

3) Vocabulaire

Dans le dialogue de roman les interventions des personnages sont précédées ou suivies de verbes de parole qui rapportent les propos des personnages.

a) d'une manière purement objective :

dire, répondre, rétorquer, répliquer, objecter, répéter

b) d'une manière plus précise et parfois plus subjective, soulignant combien le narrateur interprète la manière de dire des interlocuteurs :

affirmer, insister, souligner, menacer, murmurer,

chuchoter, crier, s'écrier, hurler, protester, prétendre, etc.

4) Exercice d'application

Mettez le texte de Anouilh au style indirect ou indirect
libre (sans verbes de parole).

Attention à la structure des propositions, aux changements de temps, mode, pronoms lorsque vous passez du
style direct au style indirect.

Veillez à utiliser des verbes de parole variés, évitez donc
la répétition trop fréquente de verbes objectifs tels que
dire, répondre.

5) Pastiche

Imaginez la suite de la conversation entre le narrateur et
son oncle (*Livret de famille*), vous ferez alterner les interventions des interlocuteurs et les remarques du narrateur
comme dans le texte initial.

6) Composition

Journal 8

Le narrateur/la narratrice se souvient d'un dialogue inou-
bliable entre lui/elle-même et un membre de sa famille
qu'il aime ou déteste particulièrement. Il présentera cet
échange mémorable sous forme de dialogue de roman,
précédé par une séquence narrative et parsemé d'interventions du narrateur comme dans le texte de Patrick
Modiano.

CHAPITRE 4
SÉQUENCES ARGUMENTATIVES

1) TEXTE 1 : *dissertation*

Le plan thèse, antithèse, synthèse

Sujet : Attendez-vous du personnage principal d'un roman qu'il soit un héros ?

Si, le plus souvent, nous nous identifions au personnage principal du roman que nous sommes en train de lire, si nous vivons en lui, prenons fait et cause pour lui, souffrons avec lui, c'est parce que ce personnage nous apporte une image valorisante, parce qu'il est un héros. Il est pourtant légitime de s'interroger sur ce lien trop évident : attendons-nous du personnage principal d'un roman qu'il soit un héros ? Nous verrons alors comment l'union ou la désunion du couple personnage principal/héros répond en fait à des besoins différents, et divergents.

Quelle autre place accorder au héros que celle du personnage principal ? C'est là que son héroïsme—qualité inhérente au héros—sera le mieux mis en valeur. Ainsi les romans médiévaux, et par exemple les romans de Chrétien de Troyes, placent systématiquement le héros - Perceval, Gauvain, ou tant d'autres... - dans une position centrale. Parce qu'il est héroïque, et accomplit des actes de bravoure, le personnage sera simultanément personnage principal et héros. Le même système régit les romans historiques, comme *Les Trois mousquetaires* d'Alexandre Dumas. C'est la formule de base de tout roman qui nécessite un personnage héroïque, et par conséquent aussi bien du roman historique que du roman d'aventures, ou même du roman de gare.

Quelle histoire à l'eau de rose ne contient pas de héros fortement mis en valeur ? Mais si le héros est nécessairement personnage principal, l'inverse n'est pas obligatoire. Pour être un héros, le personnage devra donc endosser les qualités du héros. C'est dire qu'il sera beau, comme peut l'être Julien Sorel par exemple (*Le Rouge et le noir* de Stendhal), ou du moins que son physique sera remarquable. Le couple Quasimodo-Esmeralda, dans *Notre Dame de Paris* de Victor Hugo, répond bien à cette exigence contradictoire. Mais la beauté ne suffit pas, car le héros doit aussi être intelligent. Julien Sorel ne faillit donc pas à cette seconde exigence, rejoignant ici aussi bien les personnages des *Liaisons dangereuses* de Laclos (le vicomte de Valmont et la marquise de Merteuil), que le Rieux de *La Peste* d'Albert Camus. Enfin, le statut de héros nécessite une ambition et une volonté affirmées. Elle mènera Julien Sorel à la guillotine, Madame de Merteuil à la petite vérole, ou Rieux à la victoire sur la maladie. Mais elle leur permettra aussi, sous des modalités différentes, de devenir ainsi des héros.

Puisque le héros est alors un personnage principal réunissant le plus grand nombre de vertus - beauté, intelligence, volonté, mais aussi élégance, charme, etc. -, le type même du héros de roman sera le héros romantique. Rastignac, dans les romans de Balzac, n'est-il pas un type d'homme parfait ? De ce fait, il apparaîtra comme le héros du *Père Goriot*, puisqu'il y est le personnage principal. Ce modèle romanesque, centré sur un personnage idéalisé, et sur ses aventures, est le principe même du roman depuis le XIXe siècle. Mais ce principe a connu bien des critiques, et bien des déboires.

Dès le XIXe siècle, ce type de héros - plus romanesque que romantique au sens propre - sera parodié. Ainsi Fabrice Del Dongo, dans *La Chartreuse de Parme* de Stendhal, ne fait-il pas preuve d'une grande bravoure, lorsqu'il manque s'évanouir pendant son évasion ? C'est alors toute la série des qualités du héros qui est remise en cause jusqu'au dénuement le plus total du personnage principal : Frédéric Moreau dans *L'Éducation sentimentale* de Gustave Flaubert, n'est ni spécialement beau, ni particulièrement intelligent ; plus que tout, il manque absolument de volonté. Nous sommes passés de l'héroïsme à la médiocrité.

Or cette critique, sévère, est d'abord menée au nom du réalisme. Qui pourrait croire aux qualités d'un Lancelot, en plein XIXe siècle ? Le héros est donc ramené à de plus justes proportions, il devient vraisemblable. Puisqu'il n'est plus, dès lors qu'une réunion de toutes les vertus, celles-ci vont être dispersées en plusieurs personnages : Emma Bovary sera belle, mais c'est son mari Charles qui sera honnête. Bérénice, dans *Aurélien* de Louis Aragon, sera intelligente et courageuse, mais elle ne sera pas belle. Plus que tout, ce que le personnage va perdre dans cette critique de la notion de héros, c'est sa capacité à dominer l'événement. Comme Emma Bovary, il sera ballotté dans un monde qu'il ne maîtrise pas.

La critique sera poussée plus loin encore au XXe siècle, avec la remise en question du statut du personnage lui-même. Il sera d'abord un anti-héros. Au lieu de réunir toutes les qualités, il ne sera que faiblesse et médiocrité, ou haine et rancœur. C'est par exemple le cas de Bardamu, dans le *Voyage au bout de la nuit* de L.-F. Céline. Il va même perdre, dans le Nouveau Roman, toute identité : sans visage, sans passé, sans nom, le personnage n'y est plus qu'un pronom personnel. C'est alors tout le cadre traditionnel du roman qui explose, et avec lui les notions de personnage, de narration, d'intrigue. Il s'agit pourtant bien de romans, mais il est clair qu'ils ne répondent plus aux mêmes exigences, et donc plus aux mêmes besoins.

La fusion du personnage principal et du héros répond d'abord à un besoin de certitude. Elle met en scène un personnage maître de son destin - c'est, dans une certaine mesure, le cas de Julien Sorel - et présente donc l'image d'un monde ordonné, dans lequel l'homme peut tracer son chemin. Au besoin, le cadre sera transformé, passant de la banalité quotidienne au monde merveilleux de l'aventure et de l'exotisme. Le besoin de l'existence d'un héros répond donc à une double exigence: rassurer, tant sur l'organisation du monde que sur les possibilités de l'individu; rester, pour le XXe siècle, dans le domaine du lieu commun, c'est-à-dire ne remettre en cause aucune idée établie, idéologique ou esthétique.

Mais faire rêver, puisque tel est le but avoué des romans de gare, ne suffit pas. Aussi le personnage réaliste, dénué de ses atours de perfection idéale et d'héroïsme de pacotille, affronte-t-il le monde avec plus de violence. Il est l'occasion, comme chez Albert Camus par exemple, d'une réflexion sur la condition humaine, où les héros n'ont plus cours : c'est ce que Tarrou révèle à Rieux dans *La Peste*. L'héroïsme est ici suspect de fanatisme, et, parce qu'il échappe à la modeste condition de l'homme, de démesure. Le roman humaniste se recentre donc sur un personnage, mais en conservant toujours des critères de relativité et de tolérance.

Enfin, le roman ne répond plus seulement à l'exigence d'une intrigue prenante, mais aussi à des questions esthétiques et philosophiques : conçu comme quête d'un sens, il part « à la recherche du temps perdu », et tente de reconstruire sur les débris d'un monde en décomposition une position tenable. L'engagement idéologique des uns, Aragon ou Camus, ou les prises de position esthétiques des autres, Nathalie Sarraute ou Claude Simon, ne sont finalement guère éloignés. Il s'agit toujours d'adapter la vieille forme romanesque à un monde nouveau en perpétuel mouvement.

Le personnage principal ne sera donc le héros que des romans d'un autre temps. Temps où la question du héros ne se posait pas dans les mêmes termes, temps où la question du personnage ne se posait pas du tout. C'est avant même de lire le roman que l'on sait aujourd'hui si le personnage sera ou non héroïque ; le choix du roman, son achat en librairie, sera conditionné par les attentes du lecteur. A un besoin de rêve mais aussi de certitude répondront les romans de plage ou de gare ; à un besoin de réflexion, les romans modernes de la remise en question de l'héroïsme.

EXERCICES

1) Exercices de repérage

a) Quelles sont, d'après ce texte, les marques linguistiques typiques des séquences argumentatives ? (voir Appendice p. 90)

– temps des verbes, repérage dans le temps par rapport à quel moment ?

– pronoms

– modalités d'énonciation/types de propositions (propositions affirmatives, interrogatives, exclamatives, optatives, impératives)

b) cohésion textuelle : comment est-elle assurée dans ce texte ?

– relever les connecteurs et les organisateurs.

– relever les anaphores grammaticales et lexicales qui lient les phrases de ce texte.

2) Grammaire : la nominalisation et la voix passive

Dans les textes où dominent les séquences argumentatives les linguistes notent l'importance du nombre d'anaphores lexicales (de nominalisations anaphoriques notamment) et de passives.

3) Exercice d'application : l'anaphore lexicale

Complétez les phrases suivantes en utilisant des anaphores lexicales.

1) L'incendie qui a éclaté hier à Perpignan a causé d'importants dégâts à l'usine Bella. Ce(tte) _____ a entraîné la mise au chômage de plus de 100 ouvriers. Un tel _____ ne peut que nuire à l'économie du Roussillon déjà en difficulté du fait de la crise qui sévit depuis quelques mois dans toute la région méditerranéenne.

2) Un employé des postes a été déchiqueté par l'explosion d'un colis piégé. Le(a) _____ a eu lieu au centre de tri de Rouen.

Ce(tte) _____ pose encore une fois le problème de la sécurité des employés des postes.

TEXTE 2 : dissertation

Le plan problèmes-causes-solutions
Sujet : La pollution est-elle selon vous l'une des fatalités du monde moderne ?

Introduction
Le cri d'alarme lancé par les écologistes du monde entier à propos des risques d'une intoxication irréversible du milieu naturel témoigne de l'urgence d'une lutte concertée contre la pollution. La démographie, l'économie politique, la technologie présentent tour à tour des solutions qui s'avèrent aussi inefficaces les unes que les autres. Au point qu'on en vient à se demander si cette pollution n'est pas l'une des fatalités du monde moderne.

Première partie : problèmes
Peut-être faut-il faire sa part à la mode dans la vogue de ce sujet de débat ; on assiste à une véritable inflation du terme pollution (on va jusqu'à parler de pollution mentale). Cependant on ne peut nier un certain nombre de faits inquiétants.
A. Les symptômes
Rapide inventaire : pollution de l'air (fumées industrielles, gaz d'échappement des automobiles et avions à réaction), pollution de l'eau (pollution des rivières et des mers par les détergents, les déjections des usines de pâte à papier, le mazout, le dégazage des méthaniers, les naufrages de pétroliers et leurs conséquences, etc.), pollution thermique (réchauffement des

eaux par les centrales électriques, mort de la faune et mutation de la flore aquatique, etc.), pollution acoustique (bruit des automobiles et des avions, appartements sonores, bruit dans les usines). Ces problèmes commencent à se poser, bien qu'en termes différents, même dans les pays du Tiers Monde qui ne sont que peu industrialisés.

B. Les catastrophes écologiques

Au-delà d'un certain seuil se produisent des catastrophes écologiques.

Exemples :

La pollution de la baie de Minamata, au Japon, par les industries du littoral, a entraîné la mort ou l'infirmité à vie des pêcheurs qui se nourrissaient, et nourrissaient leurs enfants, du produit de leur pêche ; déversement de cyanure dans la Garonne entraînant la destruction de toute la faune sur un long parcours.

Pollution de toute une région d'Italie par un nuage de dioxine (Région de Seveso en 1976).

Et menace de catastrophes encore plus graves : en particulier la pollution des océans à un point tel qu'ils ne pourront plus être la grande réserve nutritive qu'ils sont aujourd'hui. Des catastrophes imprévisibles peuvent se produire : récemment un physicien américain a signalé le risque d'une destruction de la couche d'ozone qui nous protège des rayons ultraviolets.

Deuxième partie : causes

L'exploitation aveugle des ressources naturelles ; la recherche de profits sectoriels à court terme ; l'insuffisance des sciences économiques qui ne tiennent compte que d'un nombre très restreint de données (par exemple l'aberration que constitue la notion de PNB (Produit National Brut) tel qu'on l'envisage couramment) ; le manque de confrontation entre les différentes sciences (économie, biologie, technologie, sociologie) ; l'urbanisation accélérée. Certains ajoutent la démographie : pour eux l'accroissement rapide de la population par la pression qu'il exerce sur l'environnement est l'une des causes essentielles de la pollution. En fait le problème posé en ces termes doit être plus amplement analysé. (Cette analyse peut trouver place à l'intérieur du devoir et montrer que cela n'est pas vrai de la même façon pour toutes les populations.)

Troisième partie : solutions
    — une véritable législation portant sur les activités polluantes :
    Par exemple, on aurait pu éviter pour une grande part la pollution de la Méditerranée en harmonisant les différentes législations des pays du bassin. Ceci est un problème de droit international.
    Un exemple de réussite montre que le processus n'est pas irréversible : le lac d'Annecy était menacé de devenir un lac mort comme les grands lacs américains ; l'installation d'un égout et quelques mesures de bon sens font que ce lac est aujourd'hui plus propre et plus poissonneux que par le passé.
    — une réponse technologique adaptée :
    1. Mise en œuvre effective de technologies douces (énergie solaire, éolienne, géothermique, marémotrice).
    Pour ce qui est de l'énergie solaire, le retard est en partie dû à des motifs économiques — c'est une énergie gratuite et inépuisable, mais qui, de ce fait, se prête peu à la spéculation — qui devront céder devant l'urgence vitale.
    2. L'imposition de dispositifs antipolluants aux industries.

— le choix d'une orientation nouvelle de la science économique :

Dans ses objectifs terminaux, la « qualité » doit tendre à se substituer à la quantité.

— le rôle important de l'éducation :

L'école devra enseigner dès l'enfance le respect de la nature.

Conclusion

La pollution n'est pas une fatalité du monde moderne. Elle est la conséquence d'une conception inadéquate de l'activité économique, ainsi que d'un cloisonnement trop étroit entre les différentes régions du savoir scientifique. Nécessité de faire intervenir un plus grand nombre de données lorsqu'on juge du niveau économique d'un pays. Nécessité de donner à ceux qui s'occupent de la qualité de la vie un pouvoir égal à celui des responsables du rendement.

EXERCICES

1) Exercices de repérage

a) Quelles sont les marques linguistiques typiques des séquences argumentatives ?

– temps des verbes, repérage dans le temps par rapport à quel moment ?

– pronoms

– modalités d'énonciation/types de propositions (propositions affirmatives, interrogatives, exclamatives, optatives, impératives)

b) cohésion textuelle : comment est-elle assurée dans
   ce texte ?
   – relever les connecteurs et les organisateurs
   – relever les anaphores grammaticales et lexicales
     qui lient les phrases de ce texte

2) Grammaire : la nominalisation et la voix passive

Dans les textes où dominent les séquences argumentatives les linguistes notent l'importance du nombre
d'anaphores lexicales (de nominalisations anaphoriques
notamment) et de passives.

3) Dissertation

Journal 9

Le narrateur/la narratrice rédige une dissertation sur le
sujet suivant : « La violence est-elle une des fatalités du
monde moderne ? »

Faire un développement en 3 parties : problème, causes,
solutions.

Veillez à l'emploi de connecteurs et d'organisateurs ainsi
que d'anaphores grammaticales et lexicales afin de
rédiger un texte d'une grande cohésion. Etudier d'abord
le modèle précédent.

CHAPITRE 5
SÉQUENCES EXPLICATIVES

TEXTE I

Avec 500 000 chômeurs la France exploserait. C'est ce que pensait il y a dix ans le président de la République et avec lui de nombreux experts. Nous en sommes à 2 millions ! Quatre fois plus ! La France compte désormais davantage de chômeurs que d'agriculteurs. 2 millions de chômeurs, c'est près d'un travailleur sur dix ; moitié plus qu'au pire moment de la grande crise des années trente. Eh oui, moitié plus !

Si les plus grands malheurs d'un peuple ne sont pas physiques mais moraux, si l'esprit d'abandon tel que nous l'avons connu en 1940 est plus grave que la défaite elle-même, alors la véritable épreuve à laquelle la France est confrontée n'est pas la crise de l'énergie, mais celle de l'emploi. Des centaines de milliers de jeunes laissés-pour-compte, des régions sinistrées où ferment les usines, un sentiment diffus de précarité et d'inquiétude... Nous verrons quel est l'enjeu ultime de cette crise sans précédent.

Mais le pire de tout est que nous commençons à nous y habituer. Comme si ces 2 millions de chômeurs, hier encore inimaginables, faisaient progressivement partie du quotidien. Or l'habitude serait en cette matière une deuxième catastrophe. Nous serions comme les passagers d'un bateau qui « s'habituent » à ce que la vitesse soit réduite de moitié en oubliant qu'une voie d'eau est ouverte dans la coque. Si nous nous habituons, nous perdrons tout à la fois la conviction que nous y pouvons quelque chose et la volonté d'agir. Il faut nous

déshabituer de cette réalité impensable de 2 millions de
chômeurs !

C'est facile. Il suffit de se souvenir du passé. Depuis une
génération, tout le monde était convaincu en France que le
fléau du chômage avait été définitivement vaincu. Comme la
petite vérole. Comme la peste. Cela paraissait si évident que les
experts chargés de réfléchir à l'avenir du pays, tous les spécia-
listes de prospective avaient complètement éliminé le chômage
de leurs préoccupations. On négligeait de le mentionner,
même à titre d'éventualité.

En 1964, un rapport devenu célèbre — « Réflexions pour
1985 » — est commandé pour la préparation du Ve Plan.
Comment traite-t-il de l'emploi ? Par prétérition, en partant de
l'idée que le rythme de croissance se maintiendrait jusqu'en
1985. De nombreuses raisons à cela, expliquait-il, notamment
les immenses besoins restant à satisfaire. . .

Sept ans plus tard, en 1971, la Délégation à l'aménagement
du territoire et à l'action régionale (DATAR) publie son non
moins célèbre « Scénario de l'inacceptable ». Il est beaucoup
plus pessimiste. Parmi les sombres perspectives qu'il envisage,
la question du chômage n'est pourtant pas évoquée. Au contraire, c'est « l'insuffisance de la population active, estime la
DATAR, [qui] freine l'expansion industrielle et provoque des
tensions économiques et sociales ».

S'ils ont été myopes, les experts français ne sont pas les seuls.
Maître du frisson et de la futurologie, Herman Kahn, qui se
penche à l'époque sur l'avenir du monde industriel, ne men-
tionne jamais le problème de l'emploi. Un autre Américain,
Alvin Toffler, plus célèbre encore que Herman Kahn, s'emploie
à décrire le Choc du futur dans un best-seller dont l'édition

française est publiée en 1971. Dans cette fresque impression-nante de 536 pages, tous les problèmes sont passés en revue : du stress décisionnel à la famille modulaire et aux papas homo-sexuels, des stratégies prospectives aux mille manières d'as-sumer l'avenir... Mais rien sur l'emploi, rien sur le chômage. Ces deux mots ne sont même pas répertoriés dans l'index pourtant détaillé de l'ouvrage.

Comment tant d'experts, tant de responsables ont-ils pu se tromper à ce point ? Pourquoi et comment la France a-t-elle 2 millions de chômeurs en 1982 ? Pour trois raisons essentielles :

— d'abord, parce que brusquement, en quelques années, le monde économique a changé, et ce n'est encore qu'un début, en vérité il commence à basculer cul par-dessus tête ;

— ensuite, parce que dans ce fantastique bouleversement économique qui s'amorce et touche toute la planète, la France est située aujourd'hui sur la ligne de fracture, dans la zone de risque maximum ;

— la troisième raison, enfin, nous est imputable, elle tient à l'aveuglement dont la France a fait preuve face à l'événement. Au lieu de se colleter à la réalité nouvelle, elle a préféré se boucher les yeux. Comme s'il ne se passait rien, nous avons continué de rêver à la belle époque.

EXERCICES

1) Exercices de repérage

a) Quelles sont, d'après ce texte, les marques linguis-tiques typiques des séquences explicatives ? (voir Appendice p. 90)

- temps des verbes, repérage dans le temps par rapport à quel moment ?
- pronoms
- modalités d'énonciation/types de propositions (propositions affirmatives, interrogatives, exclamatives, optatives, impératives)

b) Cohésion textuelle : comment est-elle assurée dans ce texte ?

- relever les connecteurs et les organisateurs
- relever les anaphores grammaticales et lexicales qui lient les phrases de ce texte

2) Grammaire : formulation des relations logiques entre propositions, la cause

Pour ce qui est de la structure des séquences explicatives Adam note la présence d'un premier opérateur « pourquoi » suivi de l'opérateur « parce que », lequel se présente sous différentes formes linguistiques exprimant la cause d'un phénomène (conjonctions de subordination : « comme », « puisque », « parce que » , locutions prépositionnelles « à cause de », « du fait de » etc.).

Repérez dans le texte précédent les éléments linguistiques de nature causative qui expriment la cause de l'augmentation du chômage en France.

Exercice d'application

Les relations causales entre propositions

Complétez les phrases suivantes en ajoutant les mots, expressions indiquant des relations de cause (comme, puisque, étant donné que, c'est pourquoi, c'est la raison pour laquelle, c'est parce que, parce que, pour + infinitif passé, à cause de, en raison de, du fait de, grâce à, à force de, sous prétexte de, faute de, car, du moment que, dès lors que, attendu que, pour la simple et bonne raison que, d'autant plus que, surtout que, sous prétexte que, ce n'est pas que, non que, soit que ... soit que ...).

1) _____que vous me le dites, je veux bien vous croire.

2) Elle ne peut sortir, _____elle est gravement malade.

3) Il n'a pas pu partir en vacances, _____d'argent.

4) _____de patience il finira par réussir.

5) Elle finit par partir pour la mer, _____qu'elle se sentît incapable de refuser, _____qu'elle ait eu en fin de compte envie de les revoir malgré ses hésitations.

6) _____sa détermination, nous avons pu faire de grands progrès dans ce domaine.

7) Elle accepta notre invitation, _____qu'elle ait été enthousiasmée par cette offre, mais elle sentit qu'elle nous devait cette faveur.

8) Il a été puni _____de son attitude hostile pendant les manifestations.

9) _____qu'il soit paresseux, mais il a tendance à avoir du mal à terminer son travail dans les meilleurs délais.

10) Il a été licencié _____de sa participation à la dernière grève.

11) _____d'aider ses amis politiques, il en a profité pour s'enrichir.

12) _____que tu as beaucoup à faire, tu ne vas pas me laisser tomber à la dernière minute.

13) Il a été sévèrement puni _____sa désobéissance.

14) Elle eut le temps de terminer son livre, _____que l'absence de téléphone et de courrier lui donnèrent des plages de temps auxquelles elle était peu habituée.

15) Il a été condamné à mort, _____avoir assassiné le Président de la République.

16) Il faisait _____chaud, qu'il n'y avait pas le moindre souffle de vent cet après-midi-là.

17) _____il s'est mis à courir comme un fou à travers les bois derrière la maison.

18) Je dois te quitter, _____que le devoir m'appelle ailleurs.

19) Elle l'a giflé, _____il s'est mis à pleurer.

20) _____que l'accusé reconnaît sa culpabilité, nous pensons pouvoir réduire sa peine.

21) _____que la situation est dramatique, nous sommes prêts à faire le maximum pour trouver une solution rapide.

22) _____qu'il est coupable, on ne peut guère s'attendre à ce qu'il soit acquitté.

23) _____vous êtes si courageux, allez vous battre le premier.

24) _____que vous l'affirmez, je vous fais confiance.

25) _____ il arrive demain, il faut préparer sa chambre.

3) Composition

Rédigez un texte à dominante explicative sur les causes de l'apathie politique des citoyens américains (moins de la moitié d'entre eux ont voté durant la dernière élection présidentielle).

4) Journal 10

Expliquez pourquoi l'étude des langues étrangères vous paraît essentielle aujourd'hui.

TEXTE II

L'HOMME ENCOMBRÉ

Pourquoi ne savons-nous pas éliminer?

Une première raison tient sans doute à la tendance naturelle de l'homme à conserver. L'abondance que connaissent actuellement les pays d'Occident s'est substituée à une rareté chronique qui prenait parfois des proportions catastrophiques comme elle le fait encore dans certaines régions du monde. La richesse est si récente, et la pauvreté tellement inscrite dans l'histoire humaine, que les pays industrialisés continuent d'être influencés par ce modèle de rareté. La tendance à conserver, caractéristique d'une civilisation longtemps agraire, se manifeste dans la conception de la propriété. Le mythe de la possession d'une automobile personnelle, véritable transposition de la maison individuelle au moyen de transport, est une circonstance aggravante pour le problème du stationnement et de la circulation. Ce besoin de posséder est si profondément inscrit dans la nature humaine qu'un pays comme l'U.R.S.S., où les véhicules personnels étaient peu nombreux, a pris des mesures pour développer la production d'automobiles individuelles. Cette tendance à conserver nous empêche d'éliminer tous les déchets fabriqués par notre société de production et de consommation. Nous risquons l'intoxication.

En second lieu, si l'élimination est encore peu pratiquée, c'est parce qu'il est difficile d'éliminer. Il faut non seulement faire disparaître les déchets, mais il faut également retenir dans le flot des objets, des idées, des structures, certains éléments par rapport aux autres. Éliminer, c'est distinguer l'accessoire du principal, et c'est donc choisir. Que faut-il éliminer ? Et en fonction de quoi ? On retrouve ici le problème du choix et de l'échelle des valeurs. Si les finalités ne sont pas exprimées clairement, les critères de sélection sont mal définis et l'élimination ne s'effectue pas de manière complète et logique.

Enfin il faut remarquer que l'élimination est une opération coûteuse. Elle exige des organisations des circuits, des appareils de plus en plus perfectionnés et leur prix de revient est de plus en plus élevé (stations d'épuration, d'eau, usines modernes de traitement des ordures, etc.). Il coûte parfois même plus d'éliminer que de créer et cette tendance s'accentuera sans doute.

La fonction d'élimination est, au sens propre du mot, vitale. Un homme en état d'insuffisance rénale est rapidement encombré par ses déchets, il meurt en deux ou trois jours. Le rein et le foie sont des tissus hautement spécialisés et nobles, leur ablation est mortelle, tandis que celle du cerveau ne l'est pas, tout au moins chez les animaux. L'homme même peut

vivre dans le coma pendant plusieurs mois sans aucune inter-
vention des hémisphères cérébraux [...]

Parce qu'on rejette sans précaution les déchets industriels
dans les rivières, l'eau est polluée et ceci aggrave la pénurie
d'eau qui commence à se manifester. Parce qu'on immerge les
déchets nucléaires, des races de poissons seront peut-être détru-
ites, des courants marins porteront peut-être dans quelques
décades sur les littoraux des restes dangereux pour l'homme.
Parce qu'on n'attache pas encore assez d'importance à ce problème, des automobiles, des foyers industriels et domestiques
continuent, bien qu'on connaisse les moyens techniques de
l'éviter, de souiller l'atmosphère et les effets de cette pollution
sur la santé de l'homme sont mal connus. Cette insuffisance de
l'élimination au niveau des produits matériels se retrouve au
plan abstrait. On greffe sur les structures des aménagements
secondaires dont l'accumulation fait perdre peu à peu toute vue
d'ensemble, finit par étouffer les structures et les rendre
inadéquates aux fins qu'elles sont censées poursuivre.

C'est dire qu'il faut avoir le souci constant d'éliminer les
structures et les idées périmées, les déchets. L'idée est encore
neuve que le désencombrement doive être une fonction
permanente, primordiale, qu'il y ait besoin d'une sorte de
service de voirie des structures démodées des circuits périmés,
des « coquilles » abandonnées par leurs habitants et qui constituent le reliquat d'organisations du passé. Presque toutes les
entreprises ont un ou plusieurs services qui remplissent des
fonctions de développement : travaux neufs, promotion des
ventes, etc. En existe-t-il une seule dotée d'un service de désencombrement ? On ajoute facilement, mais retrancher ne peut
qu'être une discipline austère et difficile.

> Éliminer, c'est rejeter et permettre aux structures de se remodeler. C'est faciliter un nécessaire processus de reconversion permanente. C'est en définitive gérer le changement.
>
> Reproduit avec l'autorisation de Hatier. Gaillard, Pol et Claude Launay. *Le résumé de texte*. Paris : Hatier , 1975, pp. 47-48.

EXERCICES

1) Exercices de repérage

a) Quelles sont les marques linguistiques typiques des séquences explicatives ?

- temps des verbes, repérage dans le temps par rapport à quel moment ?
- pronoms
- modalités d'énonciation/types de propositions (propositions affirmatives, interrogatives, exclamatives, optatives, impératives)

b) Cohésion textuelle : comment est-elle assurée dans ce texte ?

- relever les connecteurs et les organisateurs
- relever les anaphores grammaticales et lexicales qui lient les phrases de ce texte

2) Composition

Rédigez un texte à dominante explicative sur les causes de la crise de l'école aux Etats-Unis.

APPENDICE : DEFINITIONS DES NOTIONS ESSENTIELLES

anaphore n. f. : procédé consistant à utiliser un terme (nom, adjectif/pronom démonstratif/possessif, pronom personnel/relatif) renvoyant à un élément du texte qui précède. On distingue entre **anaphore grammaticale** (adjectif/pronom démonstratif/possessif, pronom personnel/relatif) et **anaphore lexicale** (nom).
Exemple : Marie est ma meilleure amie. Je <u>la</u> connais depuis 30 ans.

cataphore n. f. : procédé consistant à utiliser un terme (adjectif/pronom démonstratif/possessif, pronom personnel/relatif) renvoyant à un élément du texte qui suit.
Exemple : Je <u>la</u> connais depuis 30 ans. Marie est ma meilleure amie.

cohésion (textuelle) n.f. : caractère d'un texte dont les phrases, les paragraphes sont bien liés, harmonisés. Relèvent de la cohésion textuelle les anaphores, cataphores, connecteurs, organisateurs notamment.

compétence (de communication) n.f : connaissance des règles grammaticales d'une langue mais aussi de ses règles d'emploi socio-culturelles.

connecteurs n. m. : terme regroupant certaines conjonctions de coordination (mais, or, donc) et de subordination (parce que, puisque, etc.) et les adverbes et locutions adverbiales (d'ailleurs, cependant, etc.) à fonction argumentative assurant les liaisons interphrastiques.

énoncé n. m. : c'est le produit textuel ou phrastique d'un acte d'énonciation.

énonciation n. f. : « c'est l'acte de produire un énoncé ..., cet acte est le fait du locuteur qui mobilise la langue pour son compte (Benveniste, 1970) ».

modalité n. f. : élément linguistique marquant l'attitude du locuteur à l'égard de son énoncé et du destinataire. Meunier (1974) distingue entre :

1. **modalités d'énoncé** (attitude à l'égard de l'énoncé) qui se divisent elles-mêmes selon Meunier en

   – **modalités logiques** (« caractérisant la manière dont le locuteur situe l'énoncé par rapport à la vérité, la fausseté, la probabilité, la certitude, le vraisemblable », Maingueneau,1976). Exemples : peut-être viendra-t-il, il est certainement capable de le faire, il faut que tu partes ...

   – **modalités appréciatives** (« caractérisant la manière dont le locuteur situe l'énoncé par rapport à des jugements appréciatifs », Maingueneau, 1976). Exemples : C'est un bon roman. C'est un imbécile

2. **modalités d'énonciation** (attitude à l'égard du destinataire) qui se divisent elles-mêmes en

- modalités de l'assertion. Exemple : Il est arrivé.
- modalités de l'interrogation. Exemple : Est-il arrivé ?
- modalités de l'exclamation. Exemple : Il est arrivé !
- modalités de l'ordre. Exemple : Dis-lui de venir me voir immédiatement !

organisateur n. m. : terme regroupant certains adverbes, conjonctions et syntagmes à fonction structurante (non argumentative) qui permettent de lier les propositions, les phrases d'un texte, de souligner avec l'aide de la ponctuation (en particulier les changements de paragraphe) les divisions d'un plan de texte. J.M. Adam distingue entre:

- organisateurs énumératifs (et, ou, ni, premièrement, deuxièmement, enfin, etc.)
- organisateurs spatiaux (au nord, à gauche, devant, derrière, etc.)
- organisateurs temporels (hier, depuis que, quand, lorsque, soudain, etc.)

rhème n. m. : ce que l'on dit sur le thème, ce que l'on apporte de nouveau sur le thème.

séquence n. f. : selon J-M Adam (1990) « La séquence est une unité constituante du texte que je définis comme constituée de paquets de propositions, les macro-propositions,

à leur tour constituées de n (micro)propositions. J-M.
Adam (1992) distingue cinq types de séquences de base :

1) **la séquence descriptive** (dominante dans le portrait, la description)

2) **la séquence narrative** « concentrée sur des déroule-
   ments chronologiques finalisés » (dominante dans
   le récit)

3) **la séquence dialogale** (dominante dans le dialogue
   romanesque et théâtral, la correspondance)

4) **la séquence argumentative** « dont le schéma de
   base est une mise en relations de données avec une
   conclusion » (dominante dans la dissertation, l'essai)

5) **la séquence explicative** (dominante dans la dissertation, l'essai, elle répond à la question
   « pourquoi », « comment », elle vise souvent à expliquer les causes d'un phénomène)

Un texte est en général un dosage de ces différents types
de séquences, les textes purement narratifs, descriptifs,
etc. étant plutôt rares. Un texte peut être également struc-
turé par un <u>plan de texte</u> qui distribue la répartition des
différentes séquences.

texte n. m. : selon J-M. Adam (1990) « Un texte est une
suite configurationnellement orientée d'unités (propositions) séquentiellement liées et progressant vers une fin. »

thème n. m. : ce dont parle le locuteur, ce qui est connu.
Combettes (1983) définit le thème « comme l'élément
qui porte le degré le plus bas de dynamisme communicatif ; inversement, le rhème a le degré le plus haut. »

Bibliographie

Adam, Jean-Michel. *Éléments de linguistique textuelle.* Liège : Mardaga, 1990

Adam, Jean-Michel. *Les textes : types et prototypes.* Paris : Nathan-Université, 1992.

Arrivé, Michel, Françoise Gadet, Michel Galmiche. *La grammaire d'aujourd'hui : guide alphabétique de linguistique française.* Paris : Flammarion, 1986.

Bakhtine, Mikhaïl. *Esthétique de la création verbale.* Paris : Gallimard, 1984.

Benveniste, Emile. *Problèmes de linguistique générale*, I. Paris : Gallimard, 1966.

Benveniste, Emile. *Problèmes de linguistique générale*, II. Paris : Gallimard, 1974.

Bronckart, Jean-Paul. *Le fonctionnement des discours.* Neuchâtel - Paris : Delachaux et Niestlé, 1985.

Charolles, Michel. « Introduction aux problèmes de la cohérence des textes », *Langue française* 38 (1978) : pp. 7-40.

Combettes, Bernard. *Pour une grammaire textuelle. La progression thématique.* Duculot : Bruxelles, 1983.

Danes, Frantisek. « Functional Sentence Perspective and the Organization of the Text », in *Papers on Functional Sentence Perspective*. Ed. Danes. Prague : 1974. 106-128.

Galisson, Robert et Alain Coste. *Dictionnaire de didactique des langues.* Paris : Hachette, 1976.

Gohard-Radenkovic. *L'écrit, stratégies et pratiques*. Paris : Clé-International, 1995.

Halliday, M.A.K, Hasan, R. *Cohesion in English*. Longman : Londres, 1976

Harris, Zellig S. *Methods in Structural Linguistics*. Chicago : University of Chicago, 1951.

Jakobson, Roman. *Essais de linguistique générale*. Paris : Les Editions de Minuit, 1963.

Lundquist, Lita. *La cohérence textuelle : syntaxe, sémantique, pragmatique*. Copenhague : Arnold Busck, 1980.

Maingueneau, Dominique. *Initiation aux méthodes de l'analyse du discours*. Paris : Hachette, 1976.

Meunier, André. « Modalités et communication ». Langue française 21 (1974), pp. 8-25.

Moirand, Sophie. *Enseigner à communiquer en langue étrangère*. Paris : Hachette, 1982.

Moirand, Sophie. *Une grammaire des textes et des dialogues*. Paris : Hachette, 1990.

Reichler-Beguelin, M.J. et autres. *Ecrire en français, Cohésion textuelle et apprentissage de l'expression écrite*. Neuchâtel : Delachaux-Nietslé, 1988.

Vanoye, Francis. *Expression Communication*. Paris : Armand Colin, 1973.

Vigner, Gérard. *Ecrire*. Paris : Hachette, 1983

Werlich, Egon. *A Text Grammar of English*. Heidelberg : Quelle & Meyer, 1976.